打開天窗 敢說亮話

U0053471

WEALTH

天窗出版

亂局

曾淵滄　著

目錄

Chapter 03

國策演變　順勢而為

Chapter 04

順勢選股　亂局尋機

目錄

Chapter 05
地產股長遠看高一線

Chapter 06
市況反覆　處變不驚

Chapter 07

堅定信念　升跌何妨

自序

2018年，幾乎全球股市都下跌，不過，跌幅各不相同，美國跌得較輕，美國道瓊斯指數於2018年9月還剛剛創歷史新高，但是到了同年12月24日，聖誕節前夕，突然跌至全年最低點。內地A股則是最糟糕，在「去槓桿」與中美貿易戰雙重打擊之下，跌得很重，港股則於2018年年初創歷史新高後，之後就反覆向下。不過整整一年中，竟然恒指成分股中有20%的股是逆市向上而不跌，有些還創出新高，出現炒股不炒市的現象。

踏入2019年，股市又奇蹟式的向上，而且升勢驚人，但是，中美貿易戰仍未結束，股市憑甚麼炒起？

現今，中美貿易戰，科技戰，中國政府政策的急變，美國是否再加息，英國「脫鈎」鬧劇也鬧了幾年，這個世界的確是一個亂局，也因此，我決定以「亂局」為題寫這本書。

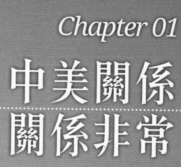

Chapter 01

中美關係
關係非常

意識形態戰

中國和美國分別是全世界第二大及第一大經濟體,她
們的一舉一動,對全球經濟體系帶來著實的影響,兩
國要是真正打起貿易戰來,其他經濟體無不受到牽
連,而這兩國的多角度戰爭,始源於意識形態的不
同,明白她們從根源開始已經十分不同,你才能摸索
到兩國關係如何互相拉扯,也勢將如何發展,才能比
別人及早洞悉一切,早作部署。所以,我先從兩國的
意識形態戰開始說起。

美國起初不承認中國地位

1949年共產黨執政,美國當時是不承認這個國家的。
這個共產國家和全世界沒有關係,自己做自己的事,
最多只是和蘇聯來往。美國從何時開始留意中國呢?
是由越戰和韓戰兩場戰爭開始。

中國用人命來抵抗高水平武器，所以在韓戰中，就算美國武器水平比起中國先進百倍，但在中國身上找不到任何便宜，韓戰是一場意識形態之爭，背後就是美國反共，但又認為沒有所謂，例如東歐都是共產黨執政，若美國出手打中國，等於和蘇聯對抗，韓戰短短打了幾年告結。

越戰才更耗損美國，越戰打了10多年，將美國拖累，美軍死了數十萬人，令當時總統尼克遜得想想如何跳出越南，所以才想把中國當朋友，同時尼克遜看中中國和蘇聯的關係起了變化，從前中國把蘇聯當老大哥，蘇聯說甚麼就是甚麼，中國都是聽從，但後來關係有變，沒有那麼親近，所以美國希望趁此聯合中國對付蘇聯。1972年，尼克遜是首個訪華的美國總統，不過他的訪華舉動，就好像今天的特朗普見金正恩般，只是大家似乎不再為敵，但又不至於是朋友，美國仍然只承認中華民國代表中國，他的訪華行動，只標誌著中美相互隔絕的局面稍稍打破。

卡特開始　關係有變

直至1979年1月1日，中美正式建立外交關係，當時的美國總統卡特承認中國，這是一個極大的轉變，很大原因在於1976年，毛澤東死了，四人幫倒台，之前在尼克遜還在任時，還是毛澤東執政，當時的共產主義太盛，所以很難和中國做朋友，只是希望撤兵所以伸出看似友誼之手。至1978年，中國開始改革開放，所以美國開始憧憬，中國

會由共產主義走向資本主義，然而，如果中國自稱走資本主義，很難
執政，因為中國的執政黨是共產黨，所以今天中國所走的，盡都只是
叫市場經濟，而不是資本主義，西方就稱為資本主義，不過至少中國
不再是計劃經濟，從前的計劃經濟，是生產多少由中央計劃，現在是
由市場決定。

1978年中國改革開放後，美國和所有西方國家都憧憬中國走向資本主
義，所以有鄧小平訪問美國，這個訪美在當時造成很大的效果，美國
人很歡迎鄧小平，正如1991年蘇聯解體一樣，受到很大的歡迎，美國
也因此在1997年把俄羅斯加入工業國組織，把G7變為G8，只是後來

普京上台再有變，於2014年，俄羅斯於克里米亞危機中佔領克里米亞半島，以及介入頓巴斯戰爭，被凍結會籍至今，因而工業國組織由G8變回G7。

卡特承認中國後，中美關係很好，因為美國對中國有很大憧憬，但直到1989年發生六四事件，兩國關係又出現大變化，西方國家覺得中國走回頭路，改革開放是行一步退一步，當時市場仍是社會主義，社會仍然辯論姓社還是姓資，所以在1993年前，中國仍未有私營企業，只有個體戶，即自己做自己工作，不准聘請人幫忙，例如只可做小販之類，但在很短時間，於1993年因鄧小平南巡，關係又改善了，之後中國大開放，令西方國家在中國找到甜頭。

中國開放　外國受惠

1993年中國開放，當時中國的生產成本及土地成本都極低，香港企業及美國企業都衝入去，令美國、香港甚至台灣工廠移師大陸，所以鄧小平南巡後，有一段時間中美雙方做好朋友，美國利用中國的廉價勞工，令美國企業進一步壯大，也令美國人生活更舒服，從前買一個杯要3元，現在買一個杯只要1元，中國提供了廉價勞動力，全個80年代，美國給中國最優惠貿易國地位，這個每年要經參眾兩院批准，但六四事件後，美國國會一直每次通過議案，要停止中國最優惠貿易國地位，但老布殊都用權否決議案，證明總統站在更高位置，總統支持

中美關係，但國會就是反中。因著六四事件，老布殊後的克林頓在競選時，說過上任第一件事要取消中國最優惠貿易國地位，但上台後，卻宣布不用年年批，直接承認中國永久有這個地位。說明總統及國會有不同看法，最高層看到的是潛力，看到中國經濟崛起對美國有好處，因為中國有廉價勞工，品質又好，可以令美國企業進一步發展。

克林頓之後，小布殊可說是中國最大的恩人，中國有今日，小布殊幫助最大。小布殊把中國拉入國際大家庭，之前中國這些共產國家不會出現在世界貿易組織（WTO），2001年，小布殊正式把中國加入世貿。

美國難忍變「老二」

中國加入WTO後，不用被徵稅，之前做最優惠貿易國都仍然要給稅，而且入WTO面向的不只是美國，更是面向全世界。中國入WTO後，快高長大，2002年後成長得非常快，成為今日世界第二大的經濟體，並且愈益走向資本主義化，對日本，德國和英國來說，都不是甚麼一回事了，因為三國早被中國追過頭了，現在頭五大經濟體依次為美、中、日、德、英，中國已經完成許多年前的中國夢，即「超英趕美」，美國不願意被中國追過，美國若變成「老二」，會覺得無面子，所以這個意識形態戰，說的其實就是誰當老大哥的戰爭。

美國要對付中國，情況就如當年要對付日本一樣。

由80年代初開始，日本人認為自己天下無敵，所以1985年的廣場協議，就是美國要把日本一棍擊倒的把戲。廣場協議就是逼日元升值，當時1美元兌240日元，後來到安倍上場，1美元已升至兌80日元，日元升值了兩倍，所以日本出現了迷失20年。

日元升值令日本競爭力下降，所以日本倒下來，同時日本人在90年代太自滿，自滿於製造了walkman，自滿於sony手機熱賣，因而科技發展停滯了一段長時間，當日本人的walkman都變成古董的時候，美國已經在發展iphone, ipad等等，美國一堆創意創業新人出來，造就了科技巨企apple及amazon等等。

美國40至60年代，雖然是科技第一，但主要是國防科技，例如子彈，上太空的火箭，但商業科技不是很強，日本80年代則商業科技很強，走得很前，美國沒留神就給日本在這方面領先全世界，所以廣場協議就是要令日本成本上升，日本人自以為日元升值，自己是最有錢的人，不可一世，周圍買東西，去美國買樓，但後來美國樓市冧了，日本人在最貴的時候進美國買樓，日本人要還債，就要賣掉資產，所以日本股市從90年代跌下來，到今日還未回復。1989年12月29日，日本股市是近39000點，今日才是20000多點，30年到現在也翻不了身。日本被美國徹底擊敗。

圖表 1.11　日經平均指數走勢

所以今日特朗普打的不只是貿易戰這麼簡單，投資者要清楚，這是多角度的戰爭。

今時今日，中國仍是一黨專政，是共產主義，正如俄羅斯的情況一樣，意識形態和走資本主義的美國不同，中國在各方面崛起令美國坐立不安，而且估計，中國在10年內極有可能取代美國成為最大經濟體，這個不難用數據證明。2018年美國的本地生產總值是18億美元，年增長2-3%，中國現在則是13億美元，年增長6%，若中美兩者維持這個增長，10內中國便超越美國。所以美國想盡辦法要阻止這事發生，所以有貿易戰、科技戰，及外交戰等出現。這個關乎老大哥地位的戰爭，難以會有停止的一天。然而美國也要衡量，把中國弄死，她自己也沒有好處，所以這個角力是會持續下去，偶爾發作的。

貿易戰

1.2

中美兩國的貿易戰,是關乎全球經濟的重中之重,要做個精明的投資者,絕對不可不了解兩個經濟強國的貿易拉扯,看通政經時局。

2018年,中美貿易戰,穿插著科技戰,可以說科技戰是貿易戰的一部分,也可以說科技戰是獨立的戰場,科技戰的主角是5G,配角是中國的2025年計劃。

從「中國製造2025」開始

中美貿易戰要由2018年3月說起,由美國總統特朗普宣布依據美國貿易法301條,指示美國貿易代表向年值600億美元的部分中國商品徵收額外關稅,以「懲罰中國偷竊美國知識財產和商業秘密」,於是,中美貿易戰開始了。

2017年中美貿易順差高達3,752億美元，而且，貿易順差年年大幅度增長，2001年，中美貿易順差只是830億美元，16年間增長3.5倍，算起來相等於每年增長10%。

向600億美元的中國商品徵稅不代表這600億美元的中國商品完全失去競爭力，實際的結果只是美國的消費者得用更多的錢來購買這些商品，因為美國廠商不一定有能力馬上取代這批中國商品的位置。

中國仍有能力應付

那時候，中國面臨最糟糕的情況也只是損失600億美元的順差，相對於3,752億美元的順差至少仍有3,152億美元的順差。因此，特朗普的所謂貿易戰，宣傳的目的大於實際效益，因此，如果只是向600億美元中國產品徵稅，目的是向美國選民宣傳他如何通過向中國商品徵稅來保護美國的工業。

當時，中國政府因此也明白這個道理，因此，大大聲的反貿易戰，說奉陪到底，也馬上宣佈向總值30億美元的美國商品徵稅。同樣的，也不是馬上徵收關稅，也是有好幾天的諮詢期，30億美元只是很小的數字，規模只是特朗普的600億美元的5%，這說明中國政府是非常克制，不讓特朗普有借口再擴大向中國商品徵稅的範圍，中國政府很清楚地知道，如果只限於600億美元商品的徵稅，中國是有能力承受的。

經過了6個月，於2018年9月，特朗普很驕傲地向世界說：「美國已經打勝了中美貿易戰，現在美國股市創歷史新高，而中國股市則創一年新低。」然而，實際情況是，無論2018年中美有沒有貿易戰，中國股市也注定會下跌的，原因是2018年中央的主題是「去槓桿」，由於中央「收水」，所以內地的股市，就算沒有貿易戰，也是會下跌的，只是撞上貿易戰，結果跌得更加傷。

哪知道，當特朗普講完那番話之後，美國股市就從高位下跌，而且跌得很急。

美國股市由高峰下跌的其中一個原因，就是中美貿易戰升級。特朗普由向年值600億美元的中國產品徵收額外關稅變成再額外向年值2,000億美元的中國產品徵收10%關稅，當時並說會在2019年1月1日開始向所有中國產品徵收25%關稅。此舉使美國投資者擔心，會加重美國的通脹壓力。而通脹率一旦上升，美國聯邦儲備局必定會加息來壓抑通脹。

向2,000億美元的中國產品收10%關稅，對中國影響大嗎？以當時計，人民幣兌美元已經貶值10%，美國徵收10%關稅恰好對沖，也就是說，徵收10%的實際效應是零。

為甚麼特朗普不直接向這些中國產品徵收25%？很顯然地，特朗普是計算過得失，在美國國會中期選舉之前徵稅25%，對特朗普而言，風

險很大，弄出通脹，不利於選情，因此，一切得等11月中期選舉過後才重新估算新的局勢。

既然10%關稅無損中國的外貿，因此，中國政府大讓步的可能性也不高，也因此，當時多隻基建股如中鐵（000390）、中鐵建（001186）、中交建（001800）皆炒上，原因是人人估計中國政府很快地就會開動基建來對抗中美貿易戰所帶來的失業問題。今日中國，有的是錢，外貿出問題，可以輕易以基建代之。2008年金融海嘯，中國也是輕易地以4萬億基建使到經濟全面復蘇。

貿易戰是兩敗俱傷

2020年就是特朗普努力讓股市造好之年，為2020年保持經濟增長、爭取連任打好基礎。如果聯儲局於2019年再連續加息，必然會打擊美國股市。對特朗普而言，股市的興衰關係著他的連任，他也以股市上升作為政績。美國股市下跌使特朗普不得不改變策略。

向所有中國產品徵收25%關稅很明顯造成兩敗俱傷，特朗普必須體面地設法叫停。適逢2018年12月1日特朗普與中國國家主席習近平出席G20峰會，於是兩人就安排會面，結果是貿易戰暫停90天，讓中美兩國再進一步進行磋商。可是，12月24日聖誕節前夕，美國股市再大跌，創下2018年的新低點。特朗普也著急了，一連數天訓告傳媒：

「相信中美貿易協議可以有良好的結果。」特朗普比任何人更緊張於中美貿易談判。

終於新一輪的中美貿易談判進行，2019年1月7日至9日，美國派遣一個副部長級的代表團到中國進行談判，談判結束後，中美雙方無公布談判結果，但都表示談判進展良好，特朗普也在1月10日公開說談判成功。

美國要求中國開放市場，過去，中國的所謂「開放」，往往有「大門開，小門不開」的問題。現在，美國副部長層的官員，相信就會很詳

細地要求中國如何開小門、中門、大門。應該說，全世界都期待中國開放市場，真正的開放對世界有利，對中國也有利。

我也相信那一次談判相當成功，但有部分事項需要由更高級的官員來決定。也許中美雙方都不公布那一輪談判的結果，以免影響下一輪更高級官員的談判。無論如何，相信特朗普已經認識中美貿易戰沒有單獨的勝利者，絕對不是零和遊戲，而是兩敗俱傷的事。因此，估計最終中美之間一定能成功談判，達成協議。

徵稅25%舉動無限期拖延

特朗普最重要的，始終是選民的想法。選民想的是甚麼？美國選民一旦因貿易戰而面對物價上漲，生活成本更加高昂，美國人只會不高興，而影響特朗普選情，這是最重要的，這也是為何特朗普在中期選舉後，仍經常把貿易戰延期，由原先說2019年1月1日便會向年值2,000億美元的中國產品徵收25%關稅，其後延至3月1日，到後期更表示無限期延長這個舉措。

而中國公布的2019年1月貿易數據，也印證了貿易戰對中國影響不大。中國出口貿易較去年同期順差增長30%，即美國宣布抽稅後，中國出口反而競爭力強了，因為同期人民幣貶值了，但人民幣不會大貶，但也不會大升，不會像日本那麼笨，打死自己。

圖表 1.21　人民幣於 2006 年至 2008 年有序升值

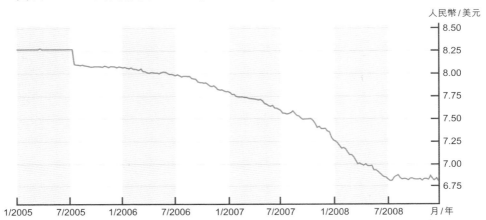

2006年人民幣的確有升值，更是一條很靚的直線，一年升6%，連升了兩年，這麼有序的升值不會是市場行為，而是人為，是中國政府所容許出現的，而我陰謀地估計，中國這麼做，是為了報答小布殊把中國拉入世界貿易組織（WTO）。

小布殊推中國入WTO，有可能是當時美國的焦點敵人只有一個，就是發動911恐怖襲擊的恐怖份子拉登，令美國集中火力對抗，所以其他人自然可以成為美國的朋友，共同對付敵人。不過這些當然是我的想法，正如日本的廣場協議也不是明說的，否則當時人人都湧入去買日元了。

加徵25%關稅對中國不利，對特朗普也不利，這是習特會成功的理

由。實際上，習特會與那之前數個月前特金會沒多大分別，特金會後，特朗普並沒有取消對北韓的制裁，北韓也沒有銷毀任何核彈、飛彈。

我認為，特朗普所作所為，目的只是為了2020年的總統選舉，因此，過早成功逼北韓銷毀核彈、飛彈，到了2020年，美國選民就忘記了特朗普今日的功勞。同樣的，如果中國過早開放市場，美國選民在2020年也會忘記今日特朗普的功勞。正如1991年，剛剛逝世的老布殊總統，成功地打敗伊拉克時，聲望如日中天，民調支持度超過80%，為歷任總統之冠，但是，僅僅一年之後，即1992年，老布殊無法連任，敗給克林頓，美國選民忘了1991年老布殊的功勞。

美國國會中期選舉之後，民主黨控制了眾議院，特朗普肯定得花多一些精力處理美國國內的政治鬥爭，並想辦法讓他的第二次減所得稅及投資一萬億美元搞基建的計劃能通過。對他來說，這是比中美貿易戰更重要的事。減稅是眾多選民歡迎的事，基建是推動經濟發展，製造商機、就業機會的方法，這對特朗普於2020年競選連任來說是很重要的。美國選民最終支持誰當總統，最重大的因素依然是選舉年的經濟狀態。

因此，中美貿易戰，特朗普與習近平都在拖，拖至2020年，中國才真正讓步或反柏。而執筆之時，中美貿易戰據聞在起草諒解備忘錄階段，若起草及簽署後，意味中美貿易戰暫時結束。這亦正好印證了大家都在拖至之後才反柏的論點。

科技戰

正如我前文所說，科技戰是貿易戰的一部分，也可以說科技戰是獨立的戰場，科技戰的主角是5G，配角是中國的2025年計劃。

2018年3月，美國總統特朗普宣布依據美國貿易法301條，指示美國貿易代表向年值600億美元的部分中國商品徵收額外關稅，當時美國貿易代表辦公室亦曾表示，被針對的商品是受益於旨在提升中國高科技行業競爭力的「中國製造2025」計劃。

首先針對「中國製造2025」

那麼「中國製造2025」計劃是甚麼呢？

2015年3月，國務院總理李克強在第十二屆全國人民代表大會發表工作報告，提到「中國製造2025」，目的在於進一步強大中國的製造業，根據計劃，預計到2025年，中國會成為製造強國。而到2035年，中國的製造業將超越德國和日本等發達工業國的製造業。

這計劃以創新驅動、質量為先、綠色發展、結構優化，人才為本作為基本方針，以包括提高國家製造業的創新能力，計劃提及的重點發展領域包括新一代信息技術創新產業、機器人、新能源汽車、可再生能源、納米科技，航天科技及生物化學醫藥等等。

中國這麼雄心壯志，聽得特朗普都慌了，所以科技戰的第一波，首先是特朗普以301這個規條，針對「中國製造2025」內所支持的項目，徵收關稅，以圖達至打擊中國的計劃。然後才盯上中興（000763）。

5G將是全球下一代的通訊系統，5G的通訊速度遠較目前的4G 快許多倍，應用的範圍眾多，不單單是手機下載影片那麼簡單，還有軍事上的用途，自動駕駛的汽車及飛機、戰艦，還有物流系統……

5G之所以成為中美科技戰的關鍵，原因是中國的華為、中興已經在5G的研發上領先全世界，今日美國是世界第一強國，最重要的條件就是科技領導世界，真想不到在通訊事業居然讓中國領先了。豈能不出手打這場戰爭？

中興及華為成了戰靶

特朗普先個別針對中興，中興採用美國企業製造的晶片，特朗普突然一聲令下，禁止美國企業出售產品給中興，所用的理由是中興出售一些東西給美國下令禁售的對象伊朗，一下子，中興「休克」了，但是不太久，特朗普又神奇地放生中興，但是向中興處以罰款 10 億美元及派人入駐中興合規部，監管中興的一舉一動。

中國的確沒有能力在今日生產高質量的晶片，因此，中興不能不低頭。

過去一段日子，有關華為、5G 的新聞很多，先有特朗普以國家安全為理由，宣布禁止華為參與美 5G 通訊系統的建設，除了美國之外，另外四個講英語，與美國人是同種同宗的國家，即英國、加拿大、澳洲、新西蘭也先後以國家安全為理由，禁止華為進入這些國家的 5G 通訊系統。之後，又發生華為副董事長孟晚舟在加拿大機場過境時被加拿大政府扣留，準備引渡到美國受審，原來美國早已發出通緝令，要追捕華為的管理層，理由是華為違反美國政府的禁令，向伊朗出售一些東西。

但是，2019 年 1 月 24 日，華為正式宣布已經自主研發成功製造出全世界第一個 5G 系統芯片，並說會推出全世界第一個 5G 手機，華為的的確確走在世界的最前方，是 5G 技術的領導者，美國、英國……等國以國家安全為理由禁止華為進入她們的市場，只是不希望讓華為賺到

這筆5G系統裝置的錢。但是，代價是這些國家的5G通訊設施肯定要落後於中國及其他願意使用華為服務的國家。華為5G在通訊領先全世界，就算失去美國、英國、加拿大等市場，也沒有甚麼問題。

巴菲特減持蘋果的啟示

大家留意股神巴菲特最近沽了少部分蘋果股票，也能從中得到一點啟示，因過去他一直說蘋果好，但現在開始觀察蘋果前途，如上文所提，目前只有華為能做出5G技術，你不用華為技術是做不出5G，所

以三星帶頭說會用華為，全速推出5G，連美國和德國都猶豫不決用不用華為，怕的是特朗普警告盟友不可用華為，否則不再是盟友，但如果不用華為，5G技術會落後，因此，由於特朗普的堅決，美國巨企蘋果很大程度不能用華為，那意味可能很長時間都不會有5G，那麼蘋果如何與同業在這技術上競爭呢？答案肯定是競爭不了。巴菲特減持蘋果的原因，會不會就是與這個由關呢？大家可以自行判斷。

因應科技熱潮，香港股市也乘著概念，已經熱炒5G概念股，而且，估計炒作期不會太短。

最強的5G概念股是中國鐵塔（000788），中國鐵塔2018年8月以100倍市盈率上市，結果上市後股價在一段時間裡下跌，及至5G概念興起，才出現熱炒，儘管市盈率高，但是5G所帶來的生意必能使到中國鐵塔的盈利是合理的。

中國鐵塔的三大股東是中移動（000941）、中國電信（000728）、聯通（000762），再加上5G手機上市後，這三家電訊公司的生意也會倍增，因此也是一流的5G概念股。

除此之外，騰訊（000700）也可以算是5G概念股，5G的下載速度比現時的4G快許多倍，必然使到騰訊旗下的手機遊戲，電影的下載量大大增加，當然，除了騰訊之外，中國還有許多其他手遊股及網上影視娛樂股也會得益，市場會進行另一輪的慘烈競爭，能把自己的科技水平由4G提升至5G才能存在。

受惠科技熱潮，2019年開局，騰訊股價已從低位反彈約100元，美國上市的阿里巴巴股價也有不錯的反彈，整個中國的網股都有不錯的表現，因此，可以考慮ETF。三星中國龍網（002812）這隻ETF，包括了幾乎所有的中國網站股，並以騰訊、阿里巴巴、百度為主力。

特朗普立場多變

最近特朗普又說，不應阻止外國先進科技進來，因為會落後，變成全世界有5G，但美國沒有，那就真的落後。

美國最後有可能會讓華為的技術入美國的，華為是全個貿易談判的一部分，美國也要面對現實是，沒有華為便沒有5G。報道也說德國轉軚，考慮用華為；英國之前也說要連4G也拆掉，但現在英國也改變調子。

是不是大家都知道到老大哥美國的變調，因而大家又變呢？不知道。就算美國會用華為的5G，特朗普也會催促美國本土企業盡快研究6G，美國不容忍跌至成為全世界第二大經濟體，也不容許科技落後於人。中國最先得享5G技術，就好比蘇聯比美國快發射人造衛星，以及第一個上太空的人，也是蘇聯，不是美國。美國過往和蘇聯競爭，現在多了中國，想不到中國科技水平如此高。科技這個戰場，特朗普是勢必要守著的。

Chapter 02

「狂人」總統
的瘋狂行為

果敢左右
聯儲局運作

沒多久前，美國總統特朗普簽署了行政命令，宣布美國進入緊急狀態，理由是美國和墨西哥關係緊張，令國防有壓力。美國和墨西哥兩者之間會有甚麼緊急的呢？墨西哥憑甚麼可以打美國呢？而宣布這個緊急狀態，目的是在緊急狀態下，總統有權動用國防部預算起圍牆。民主黨最後都總算批了起圍欄，批了十多億美元，但總統想批的是五十多億美元。民主黨批的是起圍欄，不是總統心想的實心的圍牆。特朗普堅持的是起圍牆，甚至不惜宣布美國進入緊急狀態，堅持要起圍牆。

特朗普做事就是有這種堅持，不怕得罪很多人，不怕社會如何看他，他所要的是其忠實支持者拍手支持自己，會堅持要達到自己想要做到的事，支持他的人想的是甚麼呢？就是反對墨西哥非法移民，搶了本土的

工作，用這個角度看到甚麼呢？他想做的他不怕別人說甚麼。應用到他對聯儲局運作的看法如是。總統有權力可以炒掉聯儲局主席，但過去200多年沒有總統真的敢把聯儲局主席給裁了，因為會引來社會的動盪，但如果聯儲局主席要是不聽話，繼續執意而行，我相信特朗普是敢把他裁掉的。

特朗普敢裁掉聯儲局主席

加息與否絕對是2019年一個重大影響股市的因素。而股市表現好與否，則絕對是特朗普能否順利連任的其中關鍵。

明白箇中千絲萬縷的關係，你便明白特朗普為何多次發聲指責，美國聯儲局加息是今日美國經濟滑坡的主因，結果10年期國債利率大跌，一度跌至2.713厘，創10年新低，意味著投資者預期美國將來會減息。而如果停止加息，甚至減息的情況仍不出現，亦有理由相信特朗普是會炒掉聯儲局主席鮑威爾，而改聘一位聽聽話話的聯儲局主席，以確保息率走勢如他所願。

聯儲局於2018年12月議息會議後決定加息，當時發表的談話指出2019年仍然需要加息2次。那導致美股連續多天下跌，於平安夜那一天跌至谷底。為甚麼2019年仍然要加息2次？聯儲局的答案是，美國經濟正強勁的增長。

圖表2.11　美國聯邦基金目標利率

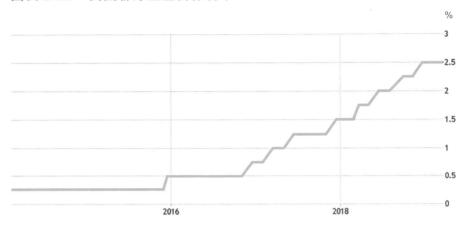

而到了2019年1月30日，聯儲局議息會議結束，決定不加息。當天美股大幅上升。不過，美股上升倒不是因為不加息，1月份不加息的結果早在市場預料之中，市場更關心的是議息會議之後所發表的談話，對未來是否加息所提出的看法。

2019年1月30日聯儲局在議息會議之後所發表的談話，很強烈地暗示3月的議息會議不會加息，理由是美國經濟前景不明朗。本來，市場還有不少人預期3月及6月會再加息，符合聯儲局2018年12月議息會議之後所發表的談話。

是不是美國經濟真的出了問題？但是1月31日美國政府發表的最近新增職位，卻大幅增加30萬個，遠超市場預期。聯儲局在1月30日開會議息，相信不大可能不知道就在1月31日發表的新增職位大幅增加30萬個；為甚麼依然發表如此「鴿派」的言論？

聯儲局由「鷹」轉「鴿」

這真是耐人尋味？我以前多次提起，傳統上美國新任總統上任的第三年是不會加息的，更可能是減息。理由是聯儲局的理事與主席懂得「做人」，不加息、減息以協助保持美國經濟在新總統上任後第三年、第四年皆增長良好。第四年這位總統就可以順利連任。

2019年1月這過去一個月，聯儲局主席、多位理事的言論由「鷹」轉「鴿」，是不是決定回歸到傳統？

特朗普不喜歡
「剪羊毛」

近一段日子，多個新興國家的貨幣和中國的人民幣都大幅貶值，於是傳媒開始出現「美國人在剪羊毛」的論調。「剪羊毛」一詞的典故，始於百年前美國：金融大鱷利用熱錢推高農地價格，吸引大量農民舉債置地，農地價格被炒高形成泡沫，突現間，金融大鱷開始緊縮貸款，農地炒作泡沫爆破，農民破產，於是金融大鱷就趁低價吞食農民的土地。

意指美元升值　新興貨幣大貶值

後來，美國大鱷利用美國政府提供的熱錢，到新興國家投機，炒高土地、房地產價格，製造泡沫，之後美國政府收縮銀根，泡沫爆破，熱錢回流美國，新興國家貨幣貶值，資產價格低落，於是大鱷就擇肥而吃，把新興國家弄死。

2009年開始，美國推量化寬鬆，的確創造了大量熱錢，近年來也的確開始收緊銀根，停止買債同時加息，的確吸引大量熱錢回流美國，美元升值。美元升值就意味著多個新興國家的貨幣貶值，而且是大貶值，導致政治社會不穩。

於是，傳媒就開始出現「剪羊毛」的推論。

美國付上失去競爭力代價

理論上，「剪羊毛」是美國金融大鱷吞食新興國家的資產。1997至1998年的亞洲金融風暴就是一場明顯的「貨幣狙擊」行動，通過狙擊、沽空而奪取多國人民的資產。是的，「剪羊毛」的過程就是利用美元幣值回升，使國際熱錢回流，來逼使新興國家的資產、貨幣貶值。通過熱錢的流出與回流，就可以將多國人民的資產變成美國人的資產，何樂而不為？但是這一回，特朗普就不高興，反對了。他公開說不希望看到美元幣值上升，也就是說，他不希望金融大鱷「剪羊毛」。

特朗普看到的是，美元升值的代價是美國失去競爭力。一向以來，「剪羊毛」只集中於少數一些新興國家、較落後的國家，美國從來就不必與這些國家比較競爭力，但是這一回，美元升值，貶值的不單是中國及一些新興國家，而是全世界所有的國家，2018年8月至11月以來的四個月，美元兌歐元升值6%，兌日圓升值7%，兌英鎊升值8%，兌人民幣升值10%。

金融大鱷「剪羊毛」重要，還是美國競爭力重要？

變身成為
股市預言家

2018年底，即聖誕節前數天，美股創出全年新低，當時美國總統特朗普跟大家說，美股很便宜，著大家到市場買入股票，過了聖誕節後，美股果然反彈得非常快，在短短兩個月，道指離開2018年歷史高位只差4%，我很樂觀美股有能力再創新高，原因是美國總統特朗普，很想造出美國有史以來最長牛市。所以道指創新高不會只在近期出現，我相信牛市可以維持至2020年，理由很簡單，2020年是美國總統大選年，特朗普想連任，有必要將指數再向上推。

圖表2.31　美國道指2018年12月24日跌至低點

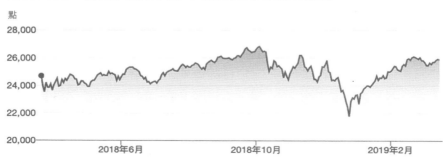

特朗普揚言道指見3萬點

2018年初當美國道指首次破25,000點時，特朗普非常高興，說是自己的功勞，更說道指可見30,000點，連總統都變身股評家出來預測市，這說明了甚麼？證明這個30,000點正正是他的目標，他希望見到道指會升上這個高位，亦是他致力想做到的，所以我相信特朗普會很努力達成讓道指見30,000點的目標。

如何達成呢？你不妨回看過去一段日子，很多會拖累股市的因素都起了變化，包括中美貿易戰，雙方由關係緊張，到特朗普打電話給習近平，到「特習會」，都要將道指由低位拖上來；加息方面，亦由預期2019年再加息兩次，到現在加息預期已被毀滅，甚至掉頭憧憬減息。

美數據差　憂經濟下滑

2018年12月至2019年1月，過去這兩個月美股反覆上升，但不是直線上升，是中間會有調整，而且調整幅度不少，道指可以一夜跌數百點，每次也因為美國公布的數據不理想，尤其2019年2月時公布了1月的數據表現差，那麼數據為何差呢？2018年尾的數據差，主因美國聯儲局在2018年12月加息，市場原本預期2018年只加三次息，結果一共加了四次，不只加息次數多於預期，更甚是議息後聲明更還說2019年要再加三次息，所以市場便擔心2019年的經濟不好，所以投

資者減少投資，消費者減少消費，經濟數據就避免不了地轉差，經濟向下滑。

留意可以樂觀的因素

數據可以參考，亦需要參考。不過，我們作為投資者，並不是向後望，而是應該向前看，所有經濟數據都是向後望的，已經變成歷史，變成歷史的都不再重要，我們要向前看，看看是否存在可以樂觀的因素，例如中美貿易戰可能有曙光出現、聯儲局見到數據變差，而口風開始變，開始有人說不加息，甚至說減息，甚至有聯儲局官員表態「縮表」，即國債到期後的錢原本沒有重申買債，現在贖回來的錢會再重申買國債，令國債慢慢減少，所以這些都是對美個整體經濟有利的。

股市榮景是助選力量

特朗普會繼續支持美股，出口術也好，實質行動也好，務求要令股市至少在2020年大選年前造好，令他可以成功連任。美股造好，資本市場一片片欣欣向榮的景象，絕對要成為競選連任的最佳助選力量。

勢挫歐日的
汽車貿易戰

執筆之時，據聞中美貿易戰暫停，雙方正在起草諒解備忘錄階段，若起草及簽署後，意味中美貿易戰暫時結束。為何特朗普急於和中國暫時結束貿易戰呢？理由是特朗普預備開新戰場，這戰場在歐盟和日本，這是汽車貿易戰。

汽車貿易戰對特朗普來說是十分重要的，他刻意將這個貿易戰放在上任第三年，意味這場汽車貿易戰可以打到第四年，亦即大選年，特朗普要上演好戲，為競選連任造勢。

徵入口稅　令本土汽車得益

美國本身是汽車大國，美國本身有不少汽車工廠，但一直面對歐洲及日本的汽車競爭，特朗普的如意算

盤是，如果將全世界的入口車，包括日本、英國、德國、法國甚至中國的車都徵收入口稅，這些車的售價自然要抬高，美國本土的汽車自然可以受惠，在相對上具價格競爭優勢下，銷售量有望增加，美國本土汽車商便可以賺大錢。這是第一著，先讓美國汽車工業會得到大利益，從而令美國汽車股大升，之後如果有德國或英國等車廠說要去美國開廠，那麼特朗普便高興了，美國的汽車工業必然大幅增長。

冀見歐洲車廠移師美國設廠

打這個汽車貿易戰在特朗普看來是更划算的，為甚麼？因為就算特朗普繼續和中國打貿易戰，在中國方面，就算被美國打死了，令中國很多工廠要倒閉了，中國的廠商也不會搬去美國，只會搬去越南，柬埔寨等成本低廉的地方繼續營商，那麼能為美國帶來甚麼好處呢？沒有好處的。美國人只會感到生活艱苦了，因為中國的產品倘加稅，用品即時加價，對美國人的負擔便更重了。再者，中國廠商就算計劃搬廠至越南等地，也需時兩至三年，甚至五年才成事，特朗普是否能順利連任都已成定局，對增添逼在眉睫的勝算沒有裨益。所以特朗普著重的是要有即時的反應、即時的效果。

倘特朗普繼續徵中國產品25%稅，中國入口美國的產品只會加價，對美國人民無好處，所以特朗普早前向中國發炮，只是先拿少許甜頭，向自己的國民吹噓一下，證明自己做了點事，說自己逼中國開放了，然後就急急簽協議，盡快停止貿易戰，再開另一個戰場，然後逼英國及德國等車廠，搬去美國，只要2020年前寶馬宣布去美國設廠，特朗普就已經勝出這場仗。

支持英國脫歐
組新聯盟

2019年伊始，英國首相文翠珊的脫歐方案在英國國會遭到大比例否決。一場脫歐鬧劇搞了兩年多，也不知道如何收拾殘局。

2016年6月23日，英國舉行一場公投，公投的內容就是英國脫歐。本來，當時的首相卡梅倫是反對脫歐的，他之所以決定舉辦脫歐公投，是因為英國國內出現相當強的脫歐聲音。而卡梅倫錯誤地認為真正想脫歐的英國人應該是少數，因此希望通過公投向所有要求脫歐的英國人說：多數人是反對脫歐的。豈料，公投結果竟然是支持脫歐的英國人比反對脫歐的英國人多。

騎虎難下，卡梅倫決定辭去首相職位，為事件負責。他反對脫歐，沒有理由由他主持脫歐的談判、安排。結果，文翠珊接任首相職位，她原本也是反對脫歐

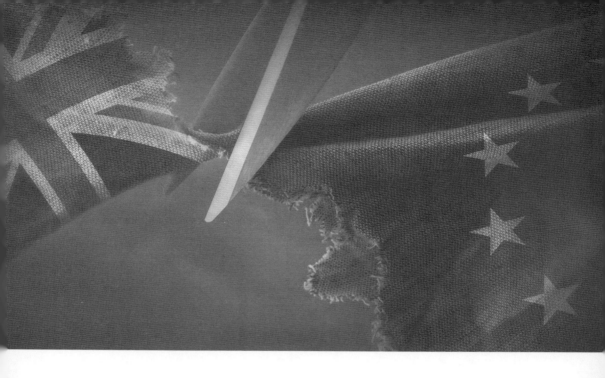

的，但是，當上首相，就決定負起脫歐的談判與執行。

公投後，英國國會通過脫歐法案，根據法案，英國會於2019年3月29日23時退出歐盟。

「軟脫歐」被否決

過去兩年，文翠珊就不斷地與歐盟討論脫歐的方式，希望維持一個軟脫歐的情況，即脫歐之後依然與歐盟保持相當密切的關係，依然是彼此免稅，關稅同盟……不過，文翠珊的方案最終被國會否決了，而且是以202票支持，432票反對的大比例被否決。

文翠珊的方案被否決，接下來就只剩兩個選擇，一是硬脫歐，二是再舉辦另一個公投，讓英國人再一次做選擇。要留歐或是硬脫歐，所謂硬脫歐就是英國從此與歐盟沒有任何關係，英國與歐盟之間的關係就有如美國、加拿大、巴西、中國、日本與歐盟的關係。有理由相信，如果英國舉行第二次公投，不脫歐的可能性最大。果真如此，2016年的脫歐公投就成了一場大鬧劇。

「硬脫歐」後果自負

不少人認為，公投是一項最民主的制度。但是，公投實際上是政治領導人推卸領導責任的行為，是自己優柔寡斷沒有能力做決斷而讓選民通過公投做決策。2018年，台灣民進黨政府在地方選舉的同一日，舉辦了十項公投。結果遭到惡評，公投的確是一種尊重民意的行動，但是，民意是會經常改變的。而且，選民在公投前也未必清楚知道所選擇的方案的真正利與弊。很明顯的，2016年英國脫歐公投時，不少選民都不知道脫歐有硬脫歐、軟脫歐之分，投票支持脫歐的人只知道脫歐後沒有來自歐盟的難民及其他窮人來英國與他們搶飯吃，輕視脫歐所帶來的惡果。

特朗普樂見英美一家親

不過提到英國脫歐，美國總統特朗普是站出來大力支持的，更稱英國

脱歐是一件美事，並表示相信其他國家將會跟隨英國脫離歐盟，他承諾會盡快與英國訂立貿易協定。即或英國脫歐，導致英鎊下跌，特朗普仍然相信是好事，因為英國的貿易會因而多得令人難以置信。

特朗普更曾提及其蘇格蘭人母親，指他母親為英女皇感到驕傲，在特朗普入主白宮前，他曾說：「她希望可以與英女皇會面，在我入主白宮後，我們會與英女皇見面」，又指只要難民一日繼續湧入歐洲各地，相信歐盟很難維繫各國成員國。

英國脫歐「入美」

從英國公布的脫歐程序的白皮書內容來看，英國脫歐後與歐盟的關係將與美國、中國、日本沒分別，一切獨立自主，唯一的關係是雙邊貿易協定，當然，雙方也可以安排互免簽證的安排，歐盟與許多國家也同樣有免簽證的安排，有些人會覺得這將對英國非常不利。但是，塞翁失馬，焉知非福。

美、加、英、澳、紐，五個國家被稱為五眼聯盟（Five Eyes），美加澳以前都是英國殖民地，大家都說英文，同文化同種類，英國脫鈎特朗普十分支持。

美國的特朗普一上台，就馬上向英國表達善意，英國首相文翠珊成了第一個訪問美國的外國領導，特朗普還與文翠珊手牽手的步行，畢竟，英美兩國同文同種，英國與美國的關係實際上是應該比歐盟更親

密，過去，只因為英國在地理上接近歐洲而不得不加入歐盟，導致英美關係隔了一重紗，儘管如此，美國每一次的對外戰爭，英國一定是支持國。

有一些戰爭，法國、德國、加拿大棄美國而去，英軍依然留下來與美軍並肩作戰，英美關係可見是非一般盟國的關係。

英國好　長和系受惠

英國脫歐之後，最大的可能性是「入美」，即進入美國的懷抱，英美締造最親密的關係，英美自己搞自由貿易，雙方領導及官員對話不必翻譯，因此，我對英國脫歐的前途看得不悲觀，我也相信英國會加快脫歐，方使與美國加快加強關係。英國脫歐公投之後，英鎊貶值，但英國股市則上升並創出歷史新高，因為英鎊貶值，長和（000001）系的數隻股票包括長江基建（001038）與電能（000006）股價皆下跌，不過，其後已很快有回升的現象。回升的理由之一是英鎊有見底回升之勢，特朗普大大聲說美元太強了，導致美元貶值，美元貶值意味着英鎊、歐元升值，在英國、歐洲有大量投資的長和系自然得益；理由之二是電能當時決定派發特別股息每股五元，電能派發特別股息，除了小股東有份之外，長江基建也有份，長和也間接分到錢。除此之外，英美關係搞得好，不排除長和系的英國企業會因此而到美國投資，響應特朗普的為美國創造工業職位的號召，同時享受特朗普的優惠稅務。

「通俄」行動
令人猜疑

特朗普決定退出「美俄中程導彈協議」，還說會有六個月通知期，六個月後正式生效。第二天，俄羅斯的普京馬上下令即刻拋棄「美俄中程導彈協議」，即時動手研製新型導彈。

「美俄中程導彈協議」於1987年簽署，當時簽署國實際上不是美俄，而是美蘇，是解體前的蘇聯，由蘇共改革派的戈爾巴喬夫與美國的里根簽署。戈爾巴喬夫本身是蘇共改革派，不想花太多資源於武器競賽，因此美蘇兩國都有意願銷毀部份導彈，不再開發、生產導彈。

軍備競賽不再是量的競賽

1987年，至今是三十多年前的事，世界變了，蘇聯解

體，普京使到俄羅斯重新崛起。俄羅斯在超音速巡航導彈的研究上很有成就，當然很想大量生產，增加軍事震懾力。因此可以說，俄羅斯是更希望廢掉這一紙協議，放手大幹，大量生產其超音速巡航導彈，如今特朗普竟然率先主動提出要廢掉這一紙三十多年前的協議，正中下懷。

特朗普此舉，從陰謀論的角度來看，是「通俄」的一項行動。當然，在俄羅斯巡航導彈速度已超越美國的情況下，美國不可能沒有行動，必須全力追趕。

過去不少人說，當年里根發動軍備競賽，拖垮蘇聯經濟，導致蘇聯解體。今日特朗普是否可以重施故技，再發動另一次軍備競賽，拖垮俄羅斯再加上中國的經濟？

不可能。當年的蘇聯是個經濟封閉的社會，的確很窮，導彈與麵包只能選一個；今日的俄羅斯國力已遠超當年的蘇聯。中國更是世界第二大經濟體。而且普京與習近平都明白，今日的軍備競賽不是量的競賽，而是科技水平的競賽，如果我的導彈速度遠超你的導彈，反導彈系統就成了廢物。

中俄樂見共和黨人上場

我們嘗試站在俄羅斯和中國角度看，俄羅斯及中國有誘因希望特朗普當選，原因是美國民主黨比較注重意識形態，常常說中國和俄羅斯沒有人權，而共和黨的特朗普，是位商人，意識形態對他來說沒那麼重要，所以我相信，2016年時，中俄希望共和黨人當選總統，因共和黨人比較現實，沒那麼執著於意識形態，在商言商，都是實際要能得到好處的人，對共產主義的中俄較為有利。

未許樂觀的「特金會」

美國總統特朗普與金正恩於2018年6月首次在新加坡會談,兩人在新加坡峰會上的友善互動,也引起市場關注。美國與北韓的關係一直反反覆覆,美國要求北韓放棄核武,北韓期望美國放寬制裁。

特朗普視首次「特金會」為外交成就

第一次「特金會」結束,特朗普與金正恩簽署聯合聲明,包括美國與北韓同意建立新關係,特朗普又承諾會保證北韓安全,而金正恩則重申致力實現無核化。特朗普一直認為,第一次「特金會」是其外交上的一大成就。

在這樣的背景下,特朗普與金正恩於2019年2月進行第二次會談。然而這次會談,卻是無功而返,最直接的原因是金正恩不願意接受特朗普提出的全部要求。

為甚麼金正恩的立場如此強硬？其中一個原因是金正恩認為特朗普急著與他達成協議，成為第一位成功地與北韓達成「終戰」協議、建立真正和平關係、推動北韓無核化的美國總統。如此，特朗普就非常可能取得今年的諾貝爾和平獎，為2020年總統選舉連任造勢。實際上，特朗普在較早前已經自己透露說日本首相安倍提名他競逐2019年的諾貝爾和平獎。日本傳媒更進一步透露，是美國政府指使安倍提名特朗普競逐。

特朗普想得到諾貝爾和平獎的訊息，成了特朗普外交上最大的弱點。這等於告訴談判對手他不會動武。金正恩這才認為特朗普急於與自己達成協議，必然會讓步。在第二次特金會前，特朗普自己也在社交媒體「推特」上說：「能促使北韓『凍核』也是不錯的成就。」

特朗普「裝狂」 屬談判戰術

因此金正恩就認定，只要自己不再進行核試爆，不再發射導彈，美國就該解除對北韓的經濟制裁；因此在談判時態度強硬，終於使到特朗普在談判途中起身離開，會談不歡而散。

當然，現在距離2019年諾貝爾和平獎評選期還有一定的時間，特金會還可能再舉行。估計特金會還得舉行很多次，每一次的特金會都是一個機會讓雙方摸一摸、猜一猜對方底線。

許多人認為特朗普是狂人，多變，出爾反爾。實際上這一切都是特朗普在演戲，是他的談判戰術。

Chapter 03

國策演變
順勢而為

「收」與「放」的
惡性循環

中國政策有數個不斷重複的步驟，就是「一放就亂，一亂就收，一收就死，一死就放」。歷來都是這樣，可以看到過去數十年不斷重複這樣的情況。

2008年的4萬億基建

2007至2008年，由美國引發的國際金融海嘯，當時一些在內地投資的港企三個月裡接不到一張海外訂單，大量工廠倒閉，甚至有廠商自殺。最後，時任總理溫家寶在電視上宣布中國會投入4萬億投資基建，這個由中央政府推動的4萬億基建計劃，最後救活了中國經濟。這是中國政府向全世界顯示中國經濟力量的重大行動，中央提出的「汽車下鄉」，「電器下鄉」

政策，通過中央補貼鼓勵農民買車買電器，於是當時汽車及電器銷量就一口氣急升，好消息更一個接一個，緊接著是推出優惠政策鼓勵太陽能發電。

中央當其時的政策就是「放水」，推出4萬億基建，支持經濟，內地人於是就從中找賺錢機會，連蒜頭和鹽這些日用品都投機一番，形成通脹。

不過，4萬億基建畢竟是以投資來拉動經濟，市場是不是能全面接受呢？兩三年之後，部分行業出現嚴重的產能過剩現象，也一直被重提是4萬億基建的後遺。到後來，中央政府開始「收水」，市場平靜下來，直至2014年市場低迷，中央又再刺激市場，推出滬港通，面對政策大開放，加上中國人的冒險精神，他們深信不冒險難發達的道理，所以當時冒險勇進的人很多。

過了「摸著石頭過河」的階段

三十多年前，鄧小平開展經濟改革。到了現在習近平時代，改革已來到了所謂的「深水地帶」，再也不能像過去鄧小平所說的「摸着石頭過河」了——水深沒頂，如何摸着河底的石頭涉水？要過河，就要學會游泳，要游水過河。換言之，習近平已不得不進行全面的經濟大改革，否則，中國的經濟就無法再向前發展。

鄧小平的經濟改革，是把不求利潤只「為人民服務」的國家機關改為國有企業。國有企業除了「為人民服務」之外，也得賺錢，於是，今日中國有許多巨無霸的國營企業。

鄧小平以廉價的中國勞動力及土地引入外資開工廠，但今日中國的勞動力、土地都已經不再廉價，外資已不斷撤出中國，到更廉價的孟加拉、越南、柬埔寨投資。

巨無霸式的國營企業每年營業額以千億、萬億計算，高層管理人員從中取走十億、八億放入自己的口袋，一般小股民是不可能知道的，國營企業的高層管理人員是企業主管，也是一名國家幹部，即是又當官又幹企業，一人戴兩頂帽子，貪污腐化令老百姓怨聲載道，也令想奉公守法的外資管理人員無所適從，這也是習近平面對的挑戰之一。

習近平決定嚴打貪腐，也決定深化經濟改革。經濟改革的其中一個關鍵是讓市場來決定資源分配，這等於削弱官員的權力，可以防止貪腐的發生。要推動市場經濟，必須讓市場自由競爭，要市場自由競爭，必須增加市場的競爭者，同時大大增加民營企業的角色：民營企業肯定是利潤掛帥的，老闆、大股東自然會盯緊財務賬目，貪腐的程度也自然會下降。

大型的壟斷性國營企業不會追求創新，民營企業創新的勢頭就很強，這是全世界的共同點。

2014年滬港通誕生

2014年4月，中央政府與香港特區政府聯合宣布將會推動滬港通，這就是經濟深化改革的第一步。

2014年11月，滬港通正式開通，從那個時候開始，中國股市就進入一個大牛市，上海綜合指數由2014年的2,000點低位不斷地快速上升，至2015年6月，上破5,000點水平，升了足足1.5倍，升幅驚人，深圳的創業板炒作更兇，平均市盈率遠超過100倍。

股市為甚麼會炒高，理由就是所有的股民都相信，中國政府希望股市上升。2014至2015年，中國政府的所作所為，如人民銀行連連減息，降低銀行存款準備金比率，國營企業進行股份持有比率的改組，北車、南車的合併等，都是有助股價上升的。

圖表3.11　上證綜合指數2015年升破5,000點後滑落

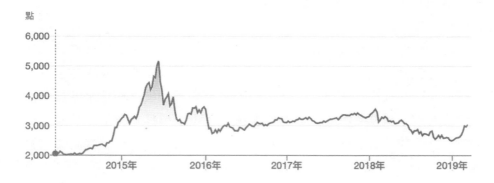

股市上升帶來兩大好處，一是企業可以通過上市集資尋找資金來源；二是投資者看到股價上漲，賺到錢，心裡高興，就會多花錢，多消費，也推動了中國的消費市場。中國經濟發展正在放緩，急需要推動自己的內部需求來維持經濟增長。

人人借高利貸炒股

可是，中國人是全世界各種民族中賭性最強的，當所有的股民認定中國政府是推動股價上漲的主力，還有誰不投入股市？不但投入股市，更是奮身而入，不但把所有的錢從銀行提出來買股票，也向人借錢買股票。

借錢買股票，全世界都有，合法的。在香港，買一萬元的股票，如果是大藍籌股，一般可以向經紀借五千元，如果不是藍籌股，也許只能借二千元，經紀行則相對保守。中國的經紀行一般的、正規的做法也是如此，不敢隨便借太多錢給股民，但是，中國還有許多非法的場外配資活動，場外配資就是場外的貸款，貸款比率很高，買一萬元股票，自己只需要一千元本金就行了，其餘的九千元是向財務公司借的，財務公司為甚麼願意冒這麼大的風險？原因是他們收取的息率很高，與高利貸沒分別。換言之，中國不少股民是借高利貸來炒股，他們認為股市只升不跌，而且升幅驚人，以十倍槓桿比例借錢炒股，股價上升一成，自己就可以賺到足足一倍的回報，由於有這樣高的回報

率，股民就覺得借高利貸也不怕了，股市再升再借，身家很容易三級跳，十萬元本錢炒出千萬資產的例子很多，滿街是膽子大而發了達的少年股神、街坊股神。

中國主動冷卻市場

是的，中國政府是希望股市上升，但是看着中國人的賭性如此強，看着中國股民以如此高的借貸比例炒股，泡沫吹得如此大，深圳創業板的百倍市盈率成了國際傳媒的封面故事，中國政府能不出手冷卻市場嗎？

於是，就在上海綜合指數在2015年6月升破5,000點之後不久，中國政府出手了，先從查處非法的場外配資開始，強逼場外配資者沽售股票平倉。哪裏知道，沽售行動一開始就無法停止，變成了惡性循環的連續下跌！中國股市崩盤了，在短短的兩三個星期，上海綜合指數由5,000點的高位，跌破3,500點，跌幅三成，以股災的歷史來說還不算是空前紀錄，但是也驚心動魄，成了全世界的頭條新聞。不過這場股災之所以成為國際頭條，不但是因為股價大跌，更引人注目的是中國政府出手救市，市場更傳出是總理李克強親自下令救市的，還稱之為「暴力救市」。

不過，當「暴力救市」這個字眼出現於香港傳媒時，我就一連數日在香港的報章專欄闢謠。我不認為中國政府會這麼做，因為若真有「暴力救市」這回事，李克強一定會親自上電視向全世界說明，正如2007年，時任總理溫家寶就親身上電視說中國政府將投入4萬億搞基建，將推動銀行新增10萬億貸款，還有1998年香港政府動用1,200億入市買股票，時任特首董建華也親自上電視說港府正在打大鱷。

調查「惡意沽空」

無論如何，中國股市在一輪急跌之後也出現反彈了，7月9日、10日及11日，一連三天反彈。

那一次，中國政府的救市手法說起來也真有趣。剛才說過，2007年溫家寶動用4萬億搞基建和預備十萬億銀行新增貸款，1998年特區政府動用1,200億打大鱷，此外，2009年起，美國聯邦儲備局更驚人，印了數以萬億計的美元救市，而那次中國政府救市，主力是出動公安部門查所謂的「惡意沽空」，而且還是由公安部副部長親自帶隊參與調查。

有趣的是，何謂「惡意沽空」？如何分辨「惡意沽空」與「善意沽空」？調查只是抓些人出來祭旗。當時的中證監副主席被查出有份沽空，其後被判入獄。

實際上，中國股市期貨市場最大的交易中心不是在中國，而是在新加坡，中國公安如何去新加坡抓人？

近年來，中國政府也開始開放期貨市場，但是，經過這一役的公安查案之後，相信在很長的一段時間之內，國際大鱷、小鱷都只會利用新加坡的交易中心來炒作中國股市，以免惹禍上身。

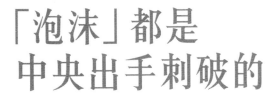

「泡沫」都是
中央出手刺破的

多年前，中國內地經濟發展速度放緩時，政府的口號是「保八」。到2015年後期，中國內地經濟發展速度出現明顯的放緩，政府的口號已由「保八」變成「保七」。更嚴峻的是，2015年第三及四季，中國內地股市狂跌，上海綜合指數由5,000點高位往下跌，一度跌破3,000點。還有，人民幣匯率也突然出現大幅度貶值的事件，引起全球震驚。當時，中國經濟崩潰，中國經濟硬著陸的論調又出現了。

中國內地經濟放緩，香港首當其衝，內地旅客減少，旅客購物額減少，旅遊區空置的店舖大量增加，香港人擔心內地經濟放緩。

2015年時，為甚麼中國內地股市會狂跌？人民幣匯率會狂跌？中國內地股市狂跌與人民幣匯率狂跌是不是反映中國內地經濟下滑的現象？

刺破股市泡沫理由十足

2015年6月，中國A股的上海綜合指數升上5000點，一年前，同一個指數只有2,000點，結果，中國政府自己決定刺破這個泡沫。股市泡沫破了不久，中國政府再進一步，突然在一天裏將人民幣大幅貶值2%，之後的兩天再繼續貶值，一下子，全世界金融市場亂了，美股也隨之大跌。

為甚麼中國政府選擇在當時刺破股市泡沫？讓人民幣貶值？過去10年，人民幣兌美元只升不跌，全世界的人都習以為常了，真的以為人民幣只升不跌，連美國的政客們也是這樣想。因此，當人民幣大幅貶值的第一天，美國多位國會議員馬上跳起來指控中國政府操控人民幣匯價。當然，這些人忘了各種各樣的貨幣兌美元都大幅貶值了，理由之一就是投資者預期美國就快加息。

刺破股市的泡沫理由十足，因為這個泡沫吹得太大了，一年之間，上海綜合指數上升1.5倍，的確驚人。但是，為甚麼要叫停只升不跌而且維持了10年的人民幣升值趨勢，這項行動是不是想警告美國？讓美國知道中國不可能讓人民幣長期兌美元只升不跌，更不可能在美元強勢之下仍然兌美元只升不跌。

2008年10月，正當港股及中國A股跌得很慘的時候，當時的總理溫家寶公開宣佈中國政府將投入4萬億元人民幣搞基建、銀行也將增加

10萬億元的貸款，受到這項好消息的推動，香港股市出現過回彈，但是，很快地又往下跌。於是，許多人都說4萬億基建、10萬億新增貸款是沒有作用的，理由是美國股市依然未止跌。

2008年的金融海嘯發生時，美國總統布殊任期已快滿，也沒有連任的資格，對一個快任滿的總統而言，傳統上是不大理事了。因此，在新總統奧巴馬正式上任前，美國政府並沒有甚麼大動作救市。之後，美國推出的量化寬鬆是2009年3月奧巴馬正式上任之後的事，因此，美國股市是在2009年3月才止跌回升，比香港股市、中國內地股市遲了5個月。

想狙擊人民幣絕不可能

這是多年前的歷史，今日我們重看這段歷史，如果我們問：如果美國於2009年沒有推出量化寬鬆政策，股市有沒有機會見底回升？

當然，歷史就是歷史，事實已經發生了，是沒有如果的。不過，無論如何，我提出這段歷史的目的是想說明全球一體化，中美兩大經濟強國是有必要互相合作。

2015年下旬，中國政府突然讓人民幣大幅貶值3%，目的何在？與美國聯儲局即將討論加不加息有沒有關係？人民幣貶值的目的之一是不是想提醒美國美元匯率太強了，人民幣已不可能跟隨美元升值。

人民幣貶值帶來許多投機者，不少投機者繼續看淡人民幣匯率的未來走勢，不過，所有的投機者都忘了，人民幣原來不是可以自由兌換的。過去，許多人感覺到，也實際上做得到可以很自由地通過地下通道兌換人民幣，但是，地下通道畢竟不是合法的，過去，中國政府隻眼開隻眼閉，一旦中國政府認真執行人民幣兌換的管制，所有投機造淡人民幣匯率的人都將虧得很慘。

2015年8月，中國外匯儲備大幅減少近900億美元，引發了大量的海外人民幣沽空潮，看淡人民幣後市的言論成了主流。可是，這些在海外造淡人民幣的投機者忘了，中國政府手上的外匯儲備超過8萬億美元，世界上所有看淡人民幣匯率的炒家的資金總和也沒有8萬億美元，想狙擊人民幣是絕對不可能，人民幣的升或跌，仍然是由中國政府決定的。

簡單的說，中國內地股市的狂跌，泡沫是中國政府自己刺破的，人民幣匯價的突跌，也是中國政府自己決定這麼做的。這說明中國政府正在進行各種各樣的金融開放的試驗，試驗帶來了一些混亂。

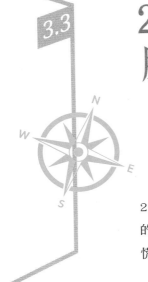

2018年「去槓桿」股市注定下跌

2018年9月上旬，內地A股跌至2016年初「熔斷」時的水平。那時候，市場一片恐慌，不單止內地股市恐慌，香港股市也恐慌，當時，恒指跌至18000點。

不過，儘管當時A股已經跌至2016年初的低位，市場的恐慌不至於是末日式的恐慌。

比2015年「大時代」後跌得少

市場沒有恐慌的最大力量來自2017年12月中央經濟會議定下的「去槓桿」政策，所謂「去槓桿」就是大幅度減少借貸，在股市，減少借貸就是減「孖展」，不借錢給股民買股票，沒有「孖展」，股價的下跌是有秩序的，不是恐慌式的直線下跌，因此，不再出現「熔

斷」式的拋售。2016年初的「熔斷」起因就是高槓桿，2015年中「大時代」時，上海證券指數由2014年中的2000點急升至5000點，短短1年上升1.5倍，依靠的就是高槓桿，全民借錢，民間更出現大量的私人借貸，甚至是有組織的民間借貸，股票「孖展」高達90%。買10萬元的股票只需要付款1萬元，股價下跌5%，投入的資金就虧了一半，股價下跌10%，則投入的資金化為烏有，如此高的槓桿終於引來中央的干預，禁止如此高的「孖展」買股票。股價也就由高位直瀉而下，恐慌性的拋售使到中央不得不再度出手「強力救市」，終於在「熔斷」之後，股價穩住回升，不過，回升的力量不強，最高點是2018年1月的3587點，因此，比較之下，2015年「大時代」之後的跌幅是足足49%，2018年初至9月的跌幅只是25%，跌幅達49%的恐慌當然遠遠大於跌幅25%。

2018年開始的「去槓桿」使到當年的A股市場的下跌沒有出現末日式的恐慌，不過，「去槓桿」的政令本身也可以說是股市向下跌的因素之一，是一把雙刃劍，「去槓桿」使到各行各業都缺錢，甚至連地方政府也缺錢，多個地方政府已經無法償還負債，多家企業無法償還負債而生出「以股代債」的事，整個中國的貨幣供應也大減。

A股低迷乃中央政策

簡單的說，「去槓桿」就是抽走市場裡的錢，市場無錢，股價自然跌，

幸好「去槓桿」的輕重、緩急是掌握在中央政府手中，因此，不會搞出恐慌性的拋售，只是有秩序的下跌，在中國正在面對中美貿易戰不明朗的時刻，股市低迷總比高漲、泡沫化強，中美貿易戰一旦真的帶來經濟上的巨大損失，如果股市仍處於高位，必然會出現非常恐慌的崩盤暴跌，動搖了中國的金融基礎。

也可以說，一片低迷的股市也是中央政策之一。

所以2018年的內地跌市，與貿易戰無關，就算沒有貿易戰，內地股市在中央「去槓桿」的主調下，還是注定下跌的。

圖表3.31　上證綜合指數2018年注定向下

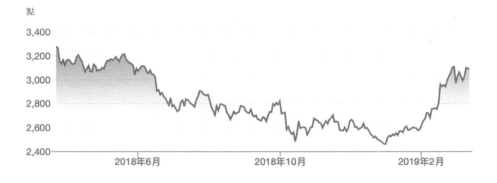

2019年
「六穩」救經濟

2018年7月31日，習近平召開中共政治局會議。會議主要討論當前的經濟形勢，部署下半年的經濟工作。這次的會議，召開於中美貿易戰正式開打之後，有特別重要的參考價值。

會議的結論是一個「穩」字。中共政治局明白，在當前的貿易戰中，中國經濟面對「穩中有變」的挑戰，因此要做好「穩就業、穩金融、穩外貿、穩外資、穩投資、穩預期」六大穩定。

「穩就業」排在第一位，說明中共政治局明白貿易戰會導致中國出口工業受到嚴重打擊，工廠訂單減少，工人會失業。大量工人失業，社會就不穩定。因此「穩就業」就成了「六穩」之首。如何穩就業？那就是實施積極的財政政策以擴大內需，加大基礎建設。

「穩金融」就是防範金融風險。因此當時而言,「去槓桿」的工作仍然會做,但要把握好力度與節奏。這說明「去槓桿」也有「維穩」味道,防止太多企業倒閉。

「穩外貿」很明顯的就是針對中美貿易戰。會議決定再擴大開放,放寬市場准入,推動「一帶一路」⋯⋯不過我估計,這也只能盡力而為,不太可能通過擴大與其他國家的貿易來補充中美貿易戰所帶來的影響,否則就不必把「穩就業」放在第一位。

中美貿易戰開打,不少評論在猜測中國政府會不會以一些行政命令去干擾在中國投資的美資企業。現在,中共政治局會議提出「穩外資」,已經清楚的說中國政府不會干擾美資企業在中國的業務,以免造成所有的外資企業產生恐慌而停止投資。因此,「穩外資」之後的另一「穩」就是「穩投資」。「穩投資」當然包括外資與內資。

最後一個重要的「穩」是「穩預期」。那就是打心理防衛戰。不過「穩預期」不再是2008年的「四萬億基建」的口號了。

2019年「人大」再強調「六穩」

2019年3月,全國人大會議開幕,總理李克強的工作報告四平八穩,主攻經濟,一方面為近日狂炒的股市降溫,再度指出中央不搞「大水

漫灌」。不過，也同時用了巨大的篇幅談「六穩」，特別是「穩就業」，指出要把就業擺在更突出的位置，也提出要大幅減稅、降費、要增加財政赤字、增加貨幣供應、為地方政府發債、要求國有大型銀行增加小微企業貸款額30%以上……整體而言，是努力刺激經濟增長，保住6至6.5%的經濟增長。

也就是說，不論中美貿易談判結果如何，中央依然會「放水」，只不過，如果貿易談判順利，就不搞「大水漫灌」。不論貿易談判結果如何，減稅、降費一定執行，這是為了改變中國的經濟結構，由過去的出口導向改為消費導向，推動服務業增長。今後大家在選股時要記住這個大方向，2019年減稅規模高達1.3萬億人民幣，這筆錢會用於消費，也會流入股市與樓市。

2018年的「去槓桿」已不再提起，貨幣政策改為「鬆緊適度」財政赤字2.76萬億人民幣，佔GDP的2.87%，財政支出23萬億人民幣，增加6.5%，中央也會協助地方政府發行債券，預計地方政府赤字將達0.93萬億人民幣，總債務達2.15萬億人民幣，增加60%，巨大的增幅，更要求地方政府2019年內要清還至少50%的舊債務，誠信守約絕對不能「新官不理舊賬」，舊債未還，不許增加新債。這對那些被地方政府拖欠債款不還的企業來說，是巨大的好消息，相信很快地，這項好消息就會反映在有關的上市企業的業績。基本上，這份工作報告對股市而言是利好。

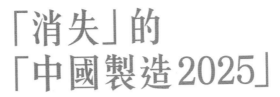

「消失」的「中國製造2025」

2019年3月，全國人大會議開幕時，總理李克強在工作報告上提出巨額的減稅降費、基建投資、增加財政赤字……所有的人都認為，這是中央放水救經濟，這是中美貿易戰所帶來的。不是的，不論有沒有中美貿易戰，我認為2019年中國也會如此減稅、降費、擴大基建和增加財政赤字。

理由是中國在改革開放40年之後，需要另一場更大規模的改革開放，而且2018年的「去槓桿」基本上已經把所有可能產生的經濟泡沫擠出，是時候再放寬貨幣供應。我過去也多次指出，2018年不論有沒有中美貿易戰，中國股市也會下跌，下跌的理由是「去槓桿」。

新一場改革開放

改革開放40年，中國成為「世界工廠」，但如果「世界工廠」是靠廉價勞動力來達成，那麼，中國的經濟發展就很難更進一步，理由是除非勞動力成本長期不變，不上升，否則，隨着勞動力成本上升，競爭力一定下降，工廠一定會外移，移到勞動力成本低的地方，不少香港廠商也早已把內地工廠搬到越南、印尼、孟加拉……

低調推進「中國製造2025」

因此，中國只有一條路可以走，那就是全面提升中國製造業的含金量，同時鼓勵、推動內部消費，中國經濟才可能再向前以較高速度增長，每年6%的增速對今日所有西方國家，甚至香港、新加坡而言，是驚人的速度，GDP的增長很大程度包含工資的增長。

為了提高中國製造業的含金量，2014年底中央政府正式提出「中國製造2025」的政策，之後，從2015至2018年每年人大會議開幕時，李克強的工作報告都少不了「中國製造2025」的理想，這是習近平的中國夢之一。2018年特朗普發動中美貿易戰時，第一場戰役就是針對「中國製造2025」所提出的高科技產品，向這批入口美國年值600億美元的中國高科技產品徵收25%關稅。

2019年，「中國製造2025」這個名詞卻消失於李克強的工作報告中，但是不等於不幹了，只是低調的幹，好讓特朗普向美國人邀功，說他成功迫使中國政府停止高科技發展，將永遠落後於美國。

要推動消費，老百姓口袋裡的錢必須增加，於是2019年2萬億的減稅降費也是勢在必行，與中美貿易戰無關，就算中美雙方成功簽署了貿易協議，推動消費也是一樣會進行。除了推動消費之外，政府本身也會增加基建，增加開支，搞赤字預算。

從這個角度來看，內地A股的確要翻身，消費品股、服務業股、基建股都該看高一線。

避免與美國硬碰

「中國製造2025」計劃是於2014年年底由習近平提出的，是習近平「中國夢」的一部份。2012年習近平一上台，就提出「中國夢」的口號以振奮人心。「中國製造2025」的意思就是中國準備在2025年使到部份高科技產品達到世界一流的水平，使到中國製造業走向科技含金量高的方向，不再停留於提供科技含金量低的生活日常用品。含金量高的產品需要高技術工人，這些工人的收入也會上升，正如華為這家企業，百萬年薪的員工不計其數。

但是，近年來華為崛起，成為全球5G通訊科技的領頭羊，水平世界第一，這的確令到特朗普感到震驚，曾幾何時非常落後的中國竟然在科技上能超越美國。除了華為，中國在人臉識別、人工智能、機器人、無人飛行攝錄機行業也領先，「中國製造2025」計劃就是中國政府傾力支助、推動這些行業進一步發展。這就引來了特朗普的打擊決心。據說，在中美貿易談判中，美方代表也要求中國放棄「中國製造2025」計劃。

現在，「中國製造2025」這個名詞果然消失於總理工作報告中，但是，相信中國不會真的放棄這個計劃，不會放棄「中國夢」。計劃將由明轉暗，繼續獲得中國政府暗中支持。

Chapter 04

順勢選股
亂局尋機

科技股
要進可攻退可守

我不反對炒作,但永遠謹記住小注怡情,理想的炒作股是進可攻、退可守,憑甚麼守?當然是收股息。

我來舉個例子。受惠5G概念炒作的中國鐵塔(000788)市盈率(PE)值100倍,能派的股息肯定不足1厘,因此,進可攻,退不可守。而中移動

圖表4.11 中移動(000941)股價走勢

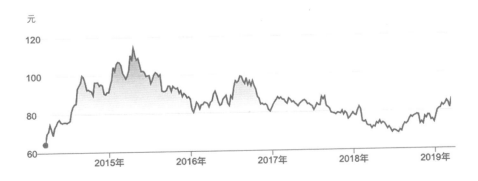

（000941）與中電信（000728）就算沒有5G概念可炒，也是一隻正常的公用股，收入穩定。中移動PE值11倍；中國電信PE值14倍。還有，中移動、中電信及聯通（000762）也是中國鐵塔的三大股東，分別佔38%、27.9%及28.1%，中國鐵塔賺錢，也是這三大電信企業賺錢。

圖表4.12　中國電信（000728）股價走勢

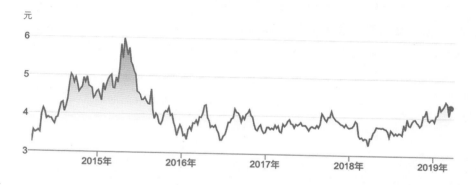

只適合小注怡情

任何概念股都只能炒作一時，難以長升長有，概念炒作之後，就得靠有吸引力的PE值與股息率來維持股價，否則就很容易打回原形。2018年4月，中興（000763）事件爆破之後，市場出現炒作晶片股的情況，但是事實是，中興事件固然會推動中國政府投入更多資金搞晶片的研發，但不意味著已經上市的晶片公司馬上可以賺大錢，結果，晶片股炒作熱潮只維持數個月，到2018年尾股價多已打回原形，高價追捧者只能後悔。

當然，能在高位套現的炒作者也不少，各人的炒作能力與運氣各自不同，我自己短炒的水平不高，有自知之明，因此我參與炒作概念時，只會建議參與炒作進可攻、退可守的股，可以攻不能守的股，應該只適合小注怡情，不要賭眼光與運氣。

大家必須把手上的科技股收起來，10年後看看有沒有特別好的股跑出。記住，我仍很難在現階段判斷一家剛上市、正準備上市的科技股未來的表現，科技發展一日千里，競爭也非常大，最終有些被淘汰，有些跑出，一注獨贏的投機風險非常非常大，只能分散資金，多買幾隻。

愈來愈多不同概念股出現

2018年當恒生指數一跌再跌時，我多次建議大家買公用股、房託股、基建股，我稱之為避險股，結果避險股不但能避險，還能逆市創新高。後來，信和（000083）的凱滙銷售成績很好，我又建議大家買本地地產股，2019年開首，本地地產界不斷有人在唱小陽春，因此，本地地產股也可以稱之為小陽春概念股。

看來概念股愈來愈多，大部份的投資者及投機者已經開始不理會恒生指數是升是跌，整個股市是的確走向個別發展的方向。

所謂個別發展不是強者愈強，弱者愈弱，而是強者繼續向前跑，弱者在追落後。

然而，我不建議把資金轉來轉去，不建議由強勢股轉向落後股。不過，如果銀行裡仍有多餘的現金，則不妨考慮一些落後股。

如何看股份是否落後股？落後股其中一個例子，可以說說國壽（002628），國壽股份與A股掛鈎，2018年A股大跌，國壽股價自然也大跌。豬年來臨之後，A股急升，國壽就有炒落後的價值了。

中國機械工程（001829）及中交建（001800）也有炒落後概念，這兩隻股該算是基建股，但是，另外兩隻基建股中鐵（000390）及中鐵建（001186）已經不斷創新高，中國機械工程算是大落後了。

澳門賭業股、新經濟股、本地及內地銀行股也是落後股，股價也已經在2019年初大幅度回升，因此，相信也有不少股民認為這些股也有條件炒落後。 可惜，暫時而言，這類股仍未出現引起炒作的概念，只能說是慢慢地復甦，是追落後而非炒落後。

每當股市處於上升之勢，可炒作的概念太多，還得耐心地等待不同概念，不同板塊輪流炒。但謹記要量力而為。

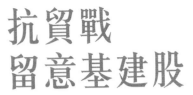

抗貿戰
留意基建股

2017年12月，中共中央經濟會議定下了2018年全年經濟工作綱領，其中以「去槓桿」對股市的影響最大，現在「去槓桿」的工作應該已經完成，股市下跌，樓市也受壓，過度投資現象不再。因此，現在是走向寬鬆銀根的時候，用來對抗中美貿易戰的影響，除了放寬銀根之外，中國政府也會加快基建，中國幅員廣大，至今為止，仍有巨大的基建空間。

基建包括交通基建及環保基建，交通基建最重要的當然是鐵路建設，中鐵（000390）、中鐵建（001186）和中交建（001800）自然受益，中鐵與中鐵建在2018年上半年股價早已逆市升，說明投資者一早認定中美貿易戰必定會使中國政府加快基建，以內需來彌補出口的損失。

圖表 4.21　中國中鐵（000390）股價走勢

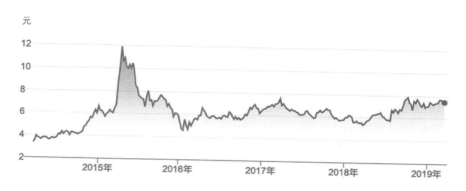

部分環保基建股多蟹貨

環保基建也是中國政府近年大力推動的，當然，環保需要投入資金，因此經濟過熱時如果再增加環保投資，可能會使已經過熱的經濟更加過熱，製造通脹，現在面對不明朗的中美貿易戰，正是時候擴張環保基建。環保基建包括污水處理、天然氣供應、水電、風電及太陽能電。在港上市環保基建股非常多，有些股價不斷逆市向上，有些則隨大市向下，理由是這些環保企業的地方色彩很強，不同地區的條件不一樣，因此盈利表現也不一樣，有些股份曾經一度熱炒，炒作後累積了大量「蟹貨」，限制了股價回升的力量，因此，最簡單的選擇還是看過去的表現，看基本因素、看 P/E 值、看股息率。

新創建（000659）是我比較喜歡的基建股，在內地有多種不同基建投資，包括交通基建，擁有公路權益，也經營火車貨運、污水處理，完全符合國策。此外，也經營香港的新巴、城巴，收入穩定，過去3年股價反覆向上，2018年多次逆市向上，更創出歷史新高，儘管股價一升再升，仍然能保持4.6厘的股息及10倍P/E值。

圖表4.22　新創建（000659）股價走勢

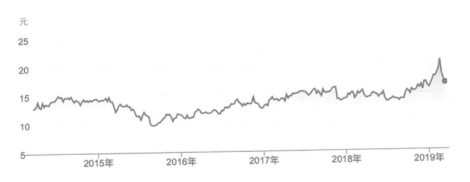

水力發電：經營成本最低的新能源

水力發電是經營成本最低的新能源，水力發電當然不是任何地方都可以搞，四川是中國最多水力發電資源的地方，規模不大但穩健的四川能投（001713）已在香港上市，經營四川省宜濱市的水力發電廠，規

模不大，但是勝在壟斷，並同時擁有發電及電網資產，情況有如香港
的中電（000002）、港燈（002638），以水力發電，受國家支持，是
環保能源股，也是公用股。香港中華煤氣（000003）在內地也經營燃
氣、水務、新能源業務，而且規模遠比香港的業務大。

攻內需
汽車及公路股受惠

於貿易戰上，中國已經做了最壞的打算，沒有準備讓步，將來靠自己內部消費、靠基建來維持經濟增長。我相信，除美國產品外，其他國家的產品入口中國的關稅應該很快的也會下降，這是另一種推動消費的方法，關稅下降也可能包括內銷用的產品零部件，鼓勵出口廠商轉內銷。

人民銀行前行長周小川講得最絕，他說中國要做好準備完全放棄每年5,000億美元的美國出口生意，靠內部消費推動經濟增長。是的，美國人並沒有出口甚麼東西到海外，美國人依然可以過很舒適的生活，靠的就是內部消費。

傳減汽車稅　汽車股升停板

中美貿易戰在2018年下旬打得如火如荼時，中國當

然不會站著捱打。2018年10月下旬，汽車股炒起就是一例，靠的就是中國政府助攻內需。

2018年10月，中國一汽集團與多家銀行簽署1萬億元人民幣的貸款意向書，此舉使到在內地上市的一汽集團的子公司股價升停板。然後，市場又傳出汽車購置稅將減半，中國政府開始準備發力催谷消費，來補償中美貿易戰帶來的出口損失。

2019年1月初，中國發改委說將推出措施鼓勵國人買車，於是汽車股又大升。然後，統計數字顯示2018年汽車銷量下跌，於是汽車股大跌，市場的短期投機者神經太緊張了。

發改委之所以說會推動國人買車，理由當然是汽車銷量正在下跌，正如在此事不久前人民銀行宣布降準，理由一定是經濟差。降準是好消息，經濟差是壞消息，投資者是應該為好消息而買股票，還是為壞消息賣股票？如果好消息、壞消息穿插出現，是否又買又賣？

車多了　公路股受惠

話說回來，車多了自然會使用公路，因此，公路股也會是鼓勵消費中的得益板塊。

在中國一汽集團與多家銀行簽署貸款意向書的消息公布後，除了一汽集團旗下多隻內地A股子公司股價升停板，在香港上市的內地汽車股也在第二天全面跟隨上升；然後到第三天，公路股也加入炒作，過去

圖表4.31　越秀交通（001052）股價走勢

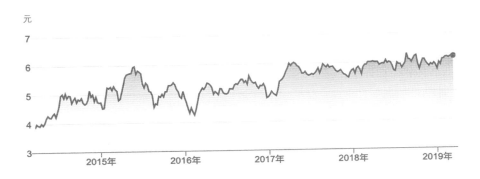

我多次推介過的越秀交通（001052）創出了歷史新高價，在當時股市一片慘淡形勢之下，發出異彩。

越秀交通股價儘管創出歷史新高，仍不算是過度炒作，理由是股息率依然達5.72厘，可以投機，也可以投資。如果中國政府決定以推動內部消費來對抗中美貿易戰，汽車股可以炒，公路股當然也可以炒，汽車與公路的關係是緊密的。

新創建（000659）也是一隻公路概念股，這也是我的愛股，已經持有多年。新創建是綜合投資股，公路是其中一項。新創建股價儘管處於高位，股息率依然有約5厘。

新創建投資的項目，除了公路之外，也有物流、污水處理、飛機租賃。物流與污水處理肯定也是中國政府推動內部消費時會考慮的項

目，飛機租賃則提供穩定的回報，簡單的說，是很配合中國政府的國策，也懂得分散投資、分散風險。

中國人愛買樓　打壓措施勢放寬

現在，中國唯一的困難是中國人長期以來喜歡儲蓄，賺了錢儲蓄起來，再覓找錢賺錢的方法，因此，長期以來，中國人喜歡買樓，人人都認為買樓是最佳的投資。為了鼓勵消費，樓價必須上漲，樓價上漲，人人開心，就會多消費。因此，我估計貿易戰再升級時，打壓樓市的各種措施會放寬。

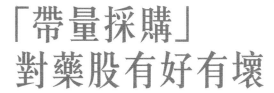

「帶量採購」
對藥股有好有壞

4.4

2018年12月初,港股中跌得兇的肯定是醫藥股,
兩隻恒指新貴中國生物製藥(001177)及石藥
(001093)的單日跌幅分別是15.97%及14.48%,跌
幅之重,不像是藍籌股,除了這兩隻藍籌藥股外,其
餘的藥股也全線下跌。

圖表4.41　中國生物製藥(001177)股價走勢

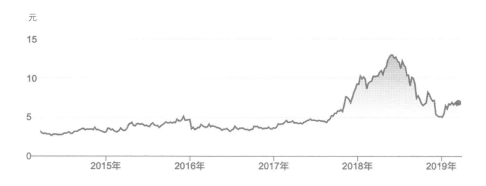

藥廠爭相出低價 影響毛利

藥股下跌，是中國中央政策改變，推出新的藥物招標制度，稱之為「帶量採購」，甚麼是「帶量採購」，也就是說在招標時預先說明採購量。過去，中央採購招標時沒有說明採購量，藥廠擔心採購量不高，因此所有的藥廠出價不會太低，因為中標之後還得付出推廣的成本，否則採購量會很少。現在，招標時預先說明採購量，藥廠計算成本後，很可能爭相出低價，薄利多銷，影響毛利。

中國政府的「帶量採購」的確有效，壓低了不少藥品的價格，而且壓低的幅度很大，為政府節省大量金錢，但也使到藥業股股價全線下滑，跌幅也很大。

圖表4.42　石藥（001093）股價走勢

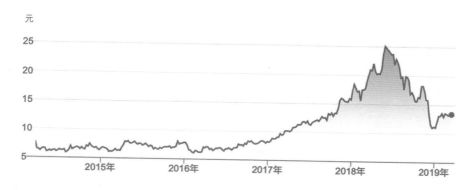

專利藥不受影響

實際上，不是所有的藥品都可以通過「帶量採購」的方法採購，「帶量採購」只限於多家藥廠同時懂得、也持有製造該藥准證的藥品，是通用藥、仿製處方藥、無專利的藥，那些擁有專利的特效藥，只有一家藥廠有權生產，因此，不可能以「帶量採購」形式採購。因此，選擇藥業股時，應該翻查該藥企有多少種專利藥，在專利藥上的銷售額佔整體比例。

大家不妨上網查一查大行的報告，大行均有針對「帶量採購」進行研究評估，值得參考。根據高盛、瑞信的報告，原來中國生物製藥受影響最大，有些報告則唱好藥明（002269），指藥明持有不少特效藥專利權，研發能力強。

我始終認為部份藥股在10年、20年後必會跑出，理由是必然有些藥廠在科研上出現突破，出廠一些舉世震驚的新藥，正如華為在通訊系統上出現突破，同樣引來舉世震驚，股價出現騰訊式的飛升，只可惜我們無法在現階段估計得到是哪一隻，只能漁翁撒網式的買。

大灣區概念股
逐隻捉

《粵港澳大灣區發展規劃綱要》發布，中央政府努力地把大灣區打造成世界上最重要、最發達的灣區之一，媲美於東京灣區、紐約灣區、三藩市灣區等。

大灣區的規劃，中央絕不是閉門造車，而是灣區內所有的地方政府、港澳特區政府皆參與，與中央政府一同討論協商，經過相當長時間的反覆論證而成，絕不存在大灣區內任何城市，包括香港「被規劃」之事。所有的規劃都符合優勢互補、協同發展的大原則。對港澳特區而言，規劃也不會動搖港澳獨立關稅區、出入境管制、「一國兩制」的基礎。

讓廣深港澳各顯所長

規劃綱要把廣州、深圳、澳門、香港並列為四大中

心，各自發揮自己的長處，不再盲目競爭、重複建設。舉個例子，過去好些城市都興建機場、擴建機場，造成大量重複建設，出現浪費資源的「大白象工程」。現在，《綱要》清楚地指出香港將發展成國際航空中心，很明顯這是要求廣州與深圳不要與香港盲目競爭，香港機場能百尺竿頭更進一步。今日，香港機場的貨運量已經是世界第一，客運量居世界第三，港珠澳大橋與高鐵通車，相信可以進一步鞏固、加強香港空運的地位。港珠澳大橋直達香港機場，高鐵直達機場快線站。

將來，香港空運應該進一步實施更便利的出入境措施，可以大大增加香港機場的客運量。希望有朝一日，香港機場的客運量成為世界第一。貨運也如此，珠海或澳門的貨物如果經香港機場運到海外，也不必於港珠澳大橋的入境處辦入境手續再辦出境手續，應直接運入香港機場禁區而上機。

交通方便肯定是大灣區發展的一項重要基礎。目前，港珠澳大橋的使用量偏低，出入境的處理速度也偏低。特區政府的確應該考慮全面開放讓所有香港註冊的車輛可以經大橋到澳門、珠海。如果澳門、珠海政府認為這會使到本地交通負荷太高，可以考慮讓香港車輛停放在澳門、珠海入境處的停車場，或可以根據客量發出，一次性或一日有效的大橋通車證。

高鐵也是連接香港至深圳的最快速交通工具，應該增加班次，並在購票上安排得更方便，像目前乘搭地鐵那樣方便。

四地地產股惹炒作

隨著大灣區規劃正式公布，這是一項很長期的項目，因此，大灣區概念股很多，主要的炒作概念集中於廣深港澳地產股，這四個城市成為大灣區的四中心，將來形成一個超大城市群。這四大城市中，目前最落後的是廣東省廣州，廣州早已被深圳趕上，現在可能通過大灣區規劃而重新尋找新方向。

創銀可望受惠

廣州概念股當然首選廣州市政府旗下的越秀地產（000123）、越秀房託（000405），也不要忘記創興銀行（001111）。創興銀行是一家香港的銀行，大股東是廣州市政府，自然能在廣州市發揮巨大的機會。

圖表4.51　越秀地產（000123）股價走勢

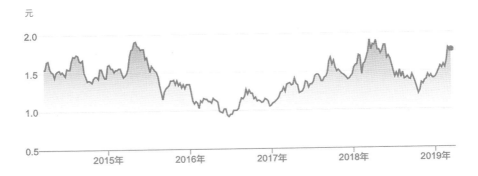

房託及公用股
避險

我預期美國聯儲局的加息步伐，到了2019年就來到
末端。就算是加息，收息股依然是避險股，加息對港
股帶來的壓力比不上中美貿易戰，加息固然會影響收
息股的吸引力，但是依然比中美貿易戰帶來的壓力
小。

2018年股市中出現好幾隻避險股，股價逆市而升，部
分甚至創出歷史新高，這包括領展（000823）、中電
（000002），理由就是業績驕人，展望2019年，領
展、中電、港燈（002638）和煤氣（000003）也肯定
可以再上一層樓，盈利再創新高的業績應該依然能創
新高，因此，這些股應該依然有力再升。

避險股為主　進取股為副

儘管我對2019年的股市樂觀，我仍然會持有避險股

不放，以避險股為主力，再配合其他的進取股。避險股包括領展、越秀房託（000405）、中電、港燈、煤氣、港鐵（000066）。

進取股主要是本地地產股，這方面本書有另外章節詳細提及。

「越秀房託＋領展」是必殺組合

談公用股前，先說房託，我兩隻鍾愛的房託收息股，要數領展及越秀房託。收息股中，有些股息率高一些，有些低一些，越秀房託股息率最高，長期站在6厘至7厘之間，領展最低，只有3厘至4厘的股息。偶爾，領展股價被炒起時，3厘息也不保，一見到領展股息率低於3厘，股價就快向下調整了。因此，市場也有一批人在長期炒作領展，賺取價差比收息更強。上述兩隻房託股，一隻高息一隻低息，因此，理想的作法就是同時持有領展與越秀房託。

領展股價屢創新高

領展時有被炒作的理由，2018年更成為房託股中股王，股價逆市而升，不斷地創歷史新高，賣資產就是其中一個推升因素。

2018年12月，領展又賣資產了，賣了120億元的公屋商場與停車場。一向以來，領展股息率是所有的REITs中最低的，但是又是最受歡迎

的 REITs，股價也不斷創新高。上市至今，股價上升 7 倍，每股派息也翻了幾番，理由之一就是領展旗下的公屋商場每年加租的幅度比一般商場高。

領展為甚麼要賣掉租金增長率高的公屋商場，然後將賣公屋商場所得的錢來買一般性的商場，將來加租的幅度也只能與其他的 REITs 看齊？亦有人問我，會不會擔心領展賣光了公屋商場後，將來的增長幅度會放緩？是的，也許會有那麼一天，不過，也不必太早擔心，也可能那一天永遠不會到來。

依照目前領展賣資產的速度，要賣光所有公屋商場與停車場，至少是 10 年至 20 年之後的事。

圖表 4.61　領展（000823）股價走勢

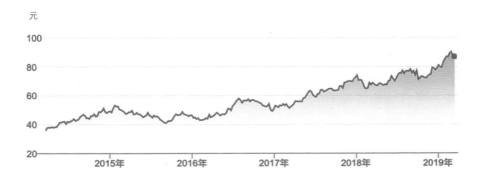

還有，當領展賣了相當數量的公屋商場與停車場之後，公屋商場與停車場只佔領展總資產不足50%之時，估計香港的政治人物也沒有多大的興趣到領展門口示威。實際上，現在政治人物到領展門口示威的新聞價值、政治附加值也已經降低了。

領展賣資產，可以提供租金收入之外的額外利潤，如果額外利潤用來派股息或回購股份，對股價有利。

越秀房託股息率長期高企

至於我的另一隻房託愛股越秀房託，此股的股息率長期超過6厘，股價也長期不斷地創新高，2018年6月股價創出歷史新高之後，曾出現過調整，同樣地也是在10月底見底回升，現價已再度創歷史新高。2019年伊始，越秀房託完成向母公司越秀地產（000123）購買杭州一個物業項目後，股價急速上升，說明投資者看好這項投資，對越秀地產而言，其買地發展，然後將整項目賣給越秀房託的模式是很獨特的雙贏方式，越秀房託買下優秀的物業，而越秀地產則成功套現及賺取合理的利潤。儘管2018年中國政府推出多項打壓房地產的措施，越秀地產全年合同銷售金額577.8億元，同比增長41%。

中電股息率低於3厘　股價便會調整

一向以來，我都很重視股息率的改變，一些原本是穩重的避險股，如果突然人人都想避險，股價炒高，股息率就下降了，那麼，這隻原本屬於避險股的股就變成炒股，應該小心。我曾經指出，中電股價被炒起，結果，炒至股息率低於3厘時，股價就不再上升而是調整，調整至股息率回升至3.2厘以上，投資價值再重現，3.2厘是10年期美國國債的利率收入。

圖表4.62　中電（000002）股價走勢

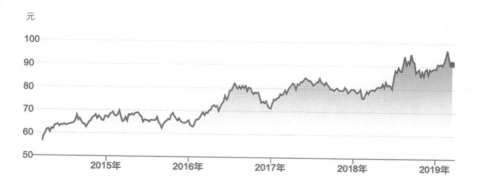

港燈利潤全數派息

兩隻電力股一向以來也被視為收息股，港燈股息率五厘，中電3厘，不過，中電股息率較低是因為股價不斷上升。港燈是信託股，把所有的利潤全派發成股息，因此股息率較高，這也是正常的。

煤氣年年「十送一」紅股

論收息，李兆基旗下的恒地（000012）及煤氣年年10送1紅股，每隔7年，如果年年派息不減，7年就加1倍，有些人收了紅股之後，把紅股賣掉，那也相等於每年加多10厘的股息，算起來是香港最有吸引力的股息。

一些人也許會擔心，年年分紅股，股價會不會年年下跌？是的，理論上10送1紅股分了紅股後，股價在除淨日會下跌9.09%，但是我們翻看過去多年恒地與煤氣股價走勢，這種情況並沒有出現，股價的長期走勢依然是上升，恒地2018年股價表現不佳，也與10送1紅股無關，而是跟隨大市下跌。

有人問我，恒地與煤氣每年10送1紅股，意味這兩家公司每年派股息都得增加10%，長遠而言，這兩家公司是不是每年都得增加10%的盈利？

是的，世界上很難找到一些企業每年盈行都會上升10%，那麼恒地與煤氣又靠甚麼方法來年年增派股息10%？方法是每年派息所用的錢，實際上遠低於所賺的錢，以恒地為例，派息比例是22.47%，那就是說，恒地每賺100元，只用22.47元來派息，另外收起77.53元用來發展業務或者將來派息。

假設今年派息22.47元，明年加10%，即派息24.72元。如果明年依然賺100元，依然有足夠的錢來派息，因此除非恒地盈利長期往下跌，否則不用擔心10送1紅股所派的息會得不到。恒地2017年派息每股1.73元，是相當有吸引力的。

特區政府是港鐵大股東

為何坐擁不少鐵路上蓋物業的港鐵，是我心目中的避險股，而不是視作進取股呢？原因很簡單，當然特區政府就是港鐵的大股東，持有72%股權，港鐵賺錢就是特區政府賺錢，左邊的口袋轉到右邊的口袋。這隻股就是一隻不折不扣的公用股。

2018年11月中旬，我第一次在香港乘高鐵，感覺還不錯，很準時開，也很準時抵達廣州南站，全程47分鐘，不多1分鐘，不少1分鐘，中國的航空公司能這麼準時該多好。西九龍站一地兩檢也順利，全程不超過15分鐘，上車後看看整個車廂爆滿，生意還不錯。

據說，上海與北京這條高鐵線就快上市，盈利驚人。香港高鐵的資產屬於特區政府，交由港鐵管理，管理合約對港鐵有利，包賺不賠。

走出廣州南站，四周是一大片一大片的空地，不過，據說土地已經賣掉了，等地產發展商開工。這種做法與香港的港鐵做法很不同，在香港，港鐵要等到某個區住滿了人，才考慮興建地鐵，內地則喜歡先建鐵路，車站落成開車之後才招標賣地。有了鐵路、車站，地價自然很高，地方政府就賺得盤滿缽滿，這是港鐵應該學習的。

談到港鐵面對的政治因素，我想強調，不少人誤會沙中線工程出現問題會令港鐵虧損，這是錯誤的認識，真正的事實是沙中線所有的費用是由特區政府負責的，與港鐵無關，未來數年，港鐵手上的地產項目將提供2萬個新的住宅單位及超過100萬平方呎的新商場，這將是「豬籠入水」的未來。

2018年11月份之後，有關港鐵的不利新聞消失了，港鐵股價也止跌回升，是長線持有的優質股。

避險股留意PE及股息率

無論如何，買避險股的目的應該是用來避險，而不是炒作，因此，買避險股的標準是市盈率（PE）及股息率是否能滿足自己的要求，而不是猜測加息預期是升溫還是降溫。

私有化
突顯股份價值

我在專欄文章已多次提過，相信2019年市況會是波動中可以樂觀看待的，而其中的原因就是2018年已經有數家上市企業成功私有化，成功私有化的包括港機工程、中外運航運，正在進行私有化的有合和（000054）。股市出現私有化現象，說明目前股市整體而言，存在不少超值股，超值股使到大股東動起私有化的念頭。

太古：靠售資產顯現概念

2018年，能夠逆市上升，成為避險股的股以公用股、房託股為主，綜合性業務的太古（000019）則是這個板塊中的異數，也能逆市上升。

太古是一隻比較特別的概念股，我稱之為價值顯現概念。太古的資產值與股價之間的折讓巨大，不過幾乎所有地產股都有折讓。所有的折讓，資產值的計算只是依靠專業估值師做估值，如果這家企業沒有將資產顯現出來，股價不會上升。

如何顯現？最佳方法就是出售，進行業務重組，賣掉一些非核心業務及資產。因此，太古股價能夠逆市一升再升，動力就是來自出售太古城兩座辦公大樓而顯現。同時，2018年6月，太古出高價私有化港機工程，重組帶來巨額的利潤，並顯示出港機工程的真正價值。舉凡私有化，一定有巨大折扣，因此，成功私有化意味着太古以低價買入港機工程的公眾持有股份，對太古絕對有利，港機工程的真正價值也一定超過私有化的價格，因此，私有化之後，太古的真正價值會再提升。

另一方面，我們也可以憧憬老牌香港英資企業進軍中國市場。為了配合中美貿易戰，中國一定會開放市場，對中國了解最深的老牌英資企業一定有優勢，最老牌的自然是太古集團。

2019年新一年伊始的時候，太古升幅更是加快，但也有急跌的時候，就是因為在過去一段日子大市下跌時，太古有避險、逆市上升的作用，不少投資者手上的太古股票都有一定的利潤，也就毫不猶豫地拋售套利。投資者需要留意這個風險因素。

中外運航運私有　IPO股東要蝕

而屬於國企的中外運航運在2018年9月公布，間接控股股東招商局集團提出私有化建議，以每股現金註銷價2.7元提出私有化中外運航運，並撤銷該公司上市地位。

作價較停牌收市價（1.81元）高約49.2%，但較2018年6月底未經審核股東應佔每股資產淨值折讓約25.2%。

受消息刺激，公司股價曾創下2.62元的逾一年新高。

當時要約人及其一致行動人士合共持有27.43億股，佔該公司已發行股本約68.7%。

中外運航運於2007年11月23日掛牌。該公司招股期間仍是港股市況最狂熱時間，其公開超購部份超額達85倍。可是受到航運市道由高位回落，導致中外運首日掛牌便低收，收市價為7.12元，較招股價8.18元潛水13%。

其後股價一直未見有起色，及至獲大股東以2.7元提出私有化，即仍較當日上市價低約67%，若投資者從中外運招股期間已捧場，並一直不離不棄並接受私有化，賬面每手蝕2,740元。

合和也來湊熱鬧

合和（000054）建議以38.8元私有化，成功機會相當高，理由是每當股市低迷，小股東有機會高價套現，多數不會反對。2018年，港機工程及中外運航運等已先後成功私有化。私有化活動增加也意味着目前市場裏有許多超值股，只要有耐性，超值股一定會帶來不錯的回報。

目前香港股市經過過去近一年的大跌，PE值已經相當低，近一段日子，股市出現多宗私有化現象，說明了股價超值。因此，美國經濟放緩，對香港股市的影響也很有限。相反的，可能有利，因為投資者認為美國已經不再可能加息。

業務轉型
股價催化劑

企業業務轉型，往往是股價的一道催化劑，引得一眾散戶炒起股價，憧憬企業未來前景。投資者能看中其中機會，便能從中獲利。以下我列舉數個板塊例子，說明一下。

首長系的改組炒作

舉個例子，首長四方（000730）在上個世紀90年代，沒有人不認識這隻股，當時的背景非常強，包括首都鋼鐵、長江實業、鄧小平的兒子鄧質方。但是經過許多年的人事變遷之後，今日的首長四方基本上成了首都鋼鐵的子公司，經過了很漫長的迷失年代，近期才決定全面重組，成為一家集供應鏈、金融、大數據分析的企業。因為有強大的首都鋼鐵支持，也就很自然地成為鋼鐵供應鏈信息的強者。

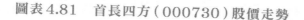

圖表4.81　首長四方（000730）股價走勢

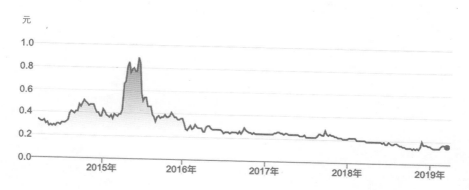

經過這麼多年的迷失年代，當年高價搶購的股民要麼早已止蝕賣掉，要麼丟到一邊不理不睬。業務重組消息一出，曾經兩天強力炒作，但股價仍然遠離當年的高價很遠，相信蟹貨仍在睡覺。股價經過兩天的急升，市值依然低於7億元，相對於母公司首都鋼鐵，就太小了。近日，首長四方聘請公關公司努力宣傳企業的改組，以新面貌示人，相信也是準備重整旗鼓，大幹一場。

其後，同系的首長國際（000697）也高調地向投資者宣布業務轉型，基本上已經把過去的業務全部剝離，以全新面目見投資者。新業務有兩部份，一是經營停車場，二是負責發展原本位於北京市的首都鋼鐵廠的舊址。這是不得了的大項目，原首都鋼鐵廠位於北京市，佔地達863萬平方米，將來必定是北京城市重建最重要的地標。

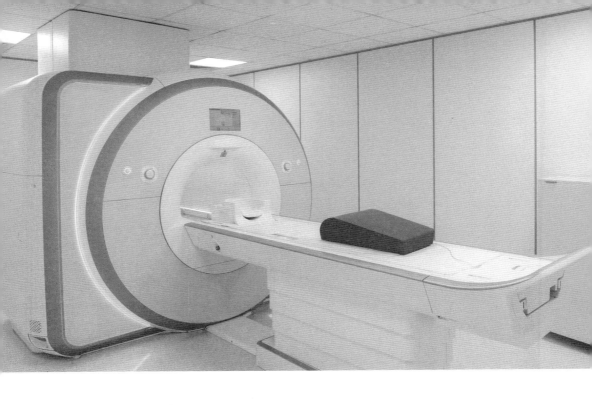

美容加上醫療形象　增市場信心

香港特區政府打算立法要求3,000元以上的美容療程設立冷靜期，這對醫思醫療（002138）而言，是好事，因為醫思醫療早在特區政府準備立法之前已經自我制訂一個14天的冷靜期，立法會使到醫思醫療能更進一步地加強顧客的信心。過去幾年，醫思醫療很努力地開闢美容以外的醫療服務，買入昂貴的磁力共振機、電腦掃描機，這是改變純美容形象的重要行動。

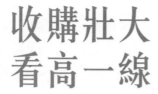

收購壯大 看高一線

4.9

企業每每公布收購消息，都可被看成是好消息惹市場炒作一番，但投資者要留意，有些收購消息未必是必然會發生，股價炒作過後，收購失據，股份很可能打回原型。2018年的一些收購例子，也可看到市場有一些投資機會。

新創建購富通拉高PE

新創建（000659）在2018年年底，宣布出資215億元全面收購富通保險，相信不少人會認為買貴了，理由是賣家剛剛於2015年以107億元買入富通，3年多的時間升值了1倍。

不過，如果我們留意友邦（001299）與宏利

（000945）的股價在同樣的過去3年多也升了接近一倍，這說明保險業在過去幾年的確是快速增長的行業，富通從2015年至2017年，每年增長率達36%，2017年稅後利潤10億元，因此，新創建是從21.5倍P/E值進行收購，目前友邦P/E值為18倍，宏利為19倍，全面收購多付一點溢價正常不過。

現在，值得留意的是新創建是一家低P/E值的收息股，目前的P/E值只有10倍，將來加入一家高P/E值的企業，市場會如何調整新創建未來的P/E值？市場願意付出的P/E值是決定股價的最重要因素。

聯想收購　看重公司科技含金量

另一隻常有收購消息的奇股，要數聯想（000992），聯想是一隻很有研究價值的股，過去許多年，經常出手收購美國不成功的科技公司，收購之後，聯想的業績就由盈轉虧，理由當然是因為被所收購的企業拖累。但是，數年之後，又很神奇地將這些不成功的企業成功改造為賺錢的企業，之後，股價就一再創新高。當年收購IBM私人電腦業務如此，後來收購摩托羅拉手機業務也如此。

IBM私人電腦業務與摩托羅拉手機業務虧錢，是市場工作做得不好，這兩公司的科技含金量是很高的，聯想要的就是科技，有了美國的科技，再加上中國自己的科技雙結合，就大大提高了競爭力。當然，把

中美兩國的科技熔成一爐需要時間，而且是好幾年的時間，投資者必須有耐性等待。成功之後，也必須有耐性等收成，不好短炒太早「食糊」，應該以上一個高位為目標。

圖表4.91　聯想（000992）股價走勢

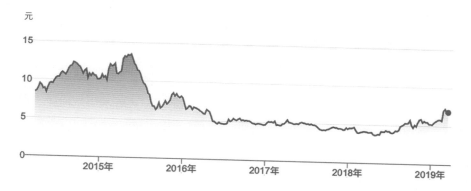

Chapter 05

地產股長遠
看高一線

股市與樓市周期

過去許多年，樓市與股市之間往往存在一個先後的關係，如果股市連跌三個月，樓市就會跟著下跌，同樣的，當股市由谷底回升三個月，樓市也會回升。

上一回股市下跌周期始於2015年5月「大時代」爆煲，然後於2016年1月「熔斷」時見底回升，結果樓市由2015年9月開始下跌，至2016年4月見底回升。

樓市落後股市3個月

這一回，股市於2018年5月開始連跌六個月，樓市就在股市連跌三個月之後開始下跌，即2018年8月開始見頂下跌，樓市落後於股市三個月的情況再度應驗。不過，大家要留意，所謂樓市落後於股市三個月的情

況，所指的是連續三個月下跌或連續三個月回升。舉個例子，2018年股市最高峰時是1月份，之後是反覆下跌至年尾，但是樓市應在2018年1月份再加三個月即2018年4月份開始下跌，但反而是遲至8月才下跌，理由是1月份下跌之後，期間有反彈，一有反彈，樓市就沒有下跌的壓力，只有在2018年5月之後，股市連續下跌三個月，至8月份之時，樓市才開始下跌。

我相信本地的大地產商也很清楚股市與樓市之間的關係，因此相信大地產商也會努力推動股市適時的反彈。

2018年樓價下跌的理由不是供應量大增，而是想買樓的人看到股市連續下跌多時，影響了他們想買樓的衝動，決定觀望多一會，而業主中則不免有些人的確等錢用，不得不「大劈價」求售，更有一些業主資金出了問題，無錢供樓，物業淪為銀主盤，樓價就下跌了。

私宅土地供應減　不會推升樓價

執筆至此，是2019年3月，香港樓價有見底回升跡象，樓價於2018年8月見頂回落，2019年1月止跌，2月微升1.3%。地產界很努力地說，特區政府2019年推出市場招標的土地比2018年少40%，因此樓價會上升。政界也同樣有聲音批評，特區政府減少私宅土地供應，會導致樓價上升，使到市民無力買樓。

私宅土地供應減少是特首林鄭月娥的新政策。林鄭月娥曾經公開說，今後政府土地供應將會是70%為公共房屋、30%為私人住宅。過去許多年，政府土地供應是私人住宅與公共房屋一樣都是50%。現在私人住宅供應由50%降至30%，也就等於私人住宅供應減少40%。

私人住宅土地供應減少會不會推動樓價上升？不會的。新加坡政府的土地供應中，90%用來興建公共房屋，只有10%用來興建私人住宅。新加坡私人住宅的價格有沒有因此被炒起？沒有。新加坡人口密度比香港高，但是，不論是私人住宅或是公共房屋的價格都比香港低。影響住宅價格的最重要因素是總供應量，而不是私宅。與公共房屋相比，私人住宅土地供應的比例減少，但是公共房屋土地供應增加，意味着將來會有更多人住在公共房屋。這些人住的公共房屋不論是買（居屋）或租（公屋），價格都比私人住宅便宜，因此沒有興趣買私人住宅，也就會減少私人住宅的需求。

換言之，如果林鄭月娥推動的7：3比例土地政策長期執行，將來香港私人住宅市場會走向豪宅化，只有收入最高的30%人購買私人住宅，今日新加坡是一個最佳例子。新加坡有85%人住在公共房屋，只有15%人住在私人住宅，私人住宅全部建得相當豪華，若非如此，就很難吸引到新加坡人捨棄廉價的公共房屋而買私人住宅。在新加坡，住私人住宅變相地成為身份象徵。新加坡政府的房屋政策是成功的，連新加坡反對黨也支持，也是人民行動黨能長期獲得選民支持而執政的主要原因。

股市回穩利好樓市

我相信，林鄭月娥的新土地供應政策一定會得到香港市民的支持，那些高喊私人住宅供應減少會導致樓價高升的人最終會發現自己錯了，為反對而反對會變成自討沒趣。

也許有人會問，為甚麼踏入2019年後，香港樓價有見底回升的跡象？難道不是因為特區政府宣布2019年私人住宅土地供應減少所引起的嗎？當然不是，樓價有見底回升跡象，主因是股市回升。股市在2019年1及2月份因中美貿易戰有緩和現象而大幅回升，推動了買樓的需求。

圖表5.11　中原城市領先指數走勢

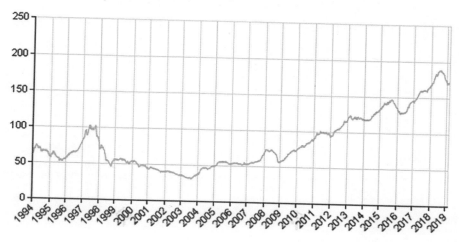

資料來源：中原數據

加息預期
降溫

美國加息周期由2015年12月開始，2015年及2016年各自加了1次息，兩次都在年底，兩次都各加了0.25厘，而2017年加了3次息，分別在3月，6月和12月，每次也是加0.25厘。

2018年則加了4次息，分別在3月，6月，9月及12月的議息會議後，都各加息0.25厘。這樣看來，加息步伐是愈來愈快的，然而2018年底的加息，可能是這輪加息潮的尾聲。

加息尾聲對地產股利好

無論如何，加息尾聲，對息率敏感的地產股而言，總是利好因素，加息是其中一個會影響地產股股價走勢

的原因，但地產股絕對不是只受到加息一個因素而影響，其他因素還包括地產股資產值高，新盤銷情等等，這些我都會在稍後再提及，但本篇先來談一談加息對地產股的意義何在。

值得一提的是，2018年9月26日，美國聯儲局第8次加息，每次加0.25厘，開始時7次的加息，香港的最優惠利率（P）都沒跟著加，那一回，香港多家銀行終於加息，P加0.125厘至0.25厘不等。多家大銀行只加0.125厘息，這顯示香港市場內港元資金依然非常充裕。之後，香港特區政府差餉物業估價署公布2018年8月份二手樓價指數，終於出現連升28個月後第一次下跌，當然，香港加息是發生在9月26日，樓價指數下跌則是發生於同年8月，兩者沒有因果關係。

無論如何，加息及樓價指數下跌都會引發投資者追問樓價是否還會再跌，地產股股價還會跌多少？

圖表5.21　香港銀行體系結餘

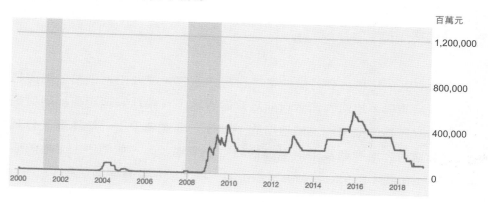

論樓價危機，美國應該比香港高，當時，美國30年定息按揭利率已經高達4.97厘，很接近5厘了，在美國買房屋，一般皆是定息，即30年內每年付的利率都是4.97厘，這個息率自然遠遠高於香港目前的按揭利率，這也顯示美國人預期利率還會上漲，利率上漲肯定不利於樓市與股市。

美國人預料利率續漲 不利股樓

利率會影響樓價，不過，除了利率之外，影響樓價的因素還有許多。

樓價長時間升多跌少，跌後再升再創新高，早已使到不少人相信買樓投資最實際，新聞報道不久前賣盤的譚仔及譚仔三哥的老闆在賣盤之後，手上現金多，馬上入市買樓、買豪宅，可見，買樓依然是手上有閒錢的人最喜歡做的事。

香港市場閒錢充足 買樓需求仍大

供給方面，特首林鄭月娥的第二份施政報告，講及土地供給，填海是很遙遠的事，短期內仍然只能靠政府賣地，有農地的地產商補地價把農地改變為住宅用地，補地價的主動權在地產商手上，地產商又分為有農地的大地產商及手上無農地的中小型地產商，他們手上土地的成本各不相同，將來的收益也當然不同，地產股也就有強弱之分。

「下錯車」的人
永遠等再「上車」

每當樓市暗淡時,我們經常可以看到不少知名的地產代理商改變看法,由看好樓價變成看淡樓價,而且人人爭相鬥看淡,你說會跌15%,我說會跌30%,然後可能很快便會有人說跌70%。1997年至2003年,香港樓價的確跌了70%,很恐怖。

實際上,見升看好,見跌看淡是很平常的分析法,股市如此,樓市也如此,這是技術分析法的其中一個門派,即順勢而行,可惜香港沒有樓價指數期貨,否則一定有許多分析員努力建議大家沽空。

升市時唱好　增潛在買家信心

地產代理靠甚麼維生?當然是促成買賣成交,樓價上升時,他們最擔心的是潛在買家擔心樓價已經太

高，不敢買，於是地產代理就會努力唱好樓價，預測樓價還會再上升10%、20%……升至搬出一位買樓的女士大罵唱淡的分析員是「食屎的專家」來說明樓價前景一片大好。每一名買樓的人都擔心自己高價接貨，買貴了，因此地產代理在樓價上升時唱好未來樓價是工作需要，為潛在買家打氣，增強他們買樓的信心。

樓價由2018年8月份開始跌，跌了3個月之後，然而地產代理面對的第一大難題是無樓賣，樓價下跌，地產發展商馬上停止賣樓，或只推出小量的貨尾樓應市，這些貨尾量不多，而且地產商也不會減價促銷只剩不多的貨尾單位，二手樓業主也只剩下那些個人財政出了問題、

等錢用，或者無力供樓的人才會賣樓，那些不等錢用的業主多會抱觀望態度，因此，地產代理商面對樓盤短缺，無樓可賣的困境，已經有地產代理商因此而裁員，炒掉部分前線代理。

無樓可賣怎麼辦？當然是向二手樓業主施加壓力，有多恐怖就講得多恐怖，希望二手樓業主在擔心樓價還會大幅下跌的前提之下賣樓。沒有二手樓業主願意賣樓，地產代理沒飯開，於是「大劈價」的新聞天天有。一天好幾宗，實際上，這只是歷史的重複又重複。

「大劈價」的真相

回看差餉物業估價署公布2018年10月份私人住宅售價指數，當時是按月再下跌2.4%，連續3個月下跌，從2018年7月的高峰位算起，下跌超過3%，回到2018年4月份的水平，由高位計算，跌幅約5%。咦！只是5%？報章上不是天天有「大劈價」20%的新聞嗎？

所謂「大劈價」，只是因為業主開價開得高，而且，有些買家在買入時，承諾代售樓的業主繳交特別印花稅，使到表面上的售價更低，舉例Grand YOHO有一個499平方呎的兩房單位，業主開價850萬元，最後成交價698.8萬元，表面看起來，又是一宗「大劈價」個案，成交價只是叫價的81%，「劈價」19%，但是，業主得負擔69.88萬元本該由原業主支付的特別印花稅，因為原業主是在兩年前買入這個單位，持貨未及3年，所以要交售價的10%特別印花稅，如果原業主自己付特別

印花稅，此樓的售價便會變成698.8萬元加69.88萬元，合共768.68萬元，如此一來，原業主得付76.868萬元的特別印花稅而不是69.88萬元，雙方為了少交點稅，於是以較低的價格成交，由買家付特別印花稅。

為少交辣稅　雙方「協議」低價成交

這個個案顯示，買家是願意付768.68萬元買下這個單位，而不是表面的成交價698.8萬元。

為何賣家在特別印花稅仍未到期就急著賣樓？兩個可能的原因，一是他擔心再等多一年，樓價再跌多10%以上，到時雖然不必交特別印花稅，但是售價可能還不到698.8萬元，另一個可能的原因當然是他本身因為某些事等錢用，不得不馬上賣樓。

現在以698.8萬元的價格賣掉一個原本可以賣768.88萬元的樓，將來樓價必須從目前真正的市價768.68萬元跌至698.8萬元以下，這名賣家才有機會以更低的價格買回同等質素的單位，也就是說，樓價要比目前水平下跌10%以上。是的，許多地產代理在2018年唱淡時，都說未來樓價會下跌20%、30%，不過，所有的預測都是賭一賭，還記得數年前，有人預測樓價會下跌50%嗎？

「下了車」的人只會不斷等樓價再跌

花旗銀行就曾經做過一個調查。指出過去10年有20萬人「下錯車」，甚麼是「下錯車」？那就是因擔心樓價還會下跌而賣掉自住樓的人，在賣樓之後一直買不回已經賣掉的樓房，變成租樓一族。是的，賣了樓之後樓價的確可能再下跌，但是，多少人會趁下跌買回，沒有！多數人只會再等，希望樓價再跌多20%或30%。

過去美國加息多次而香港不加，理由之一就是香港市場上的確有太多的閒錢，目前買樓者當中，仍有不少以上所說的，是過往「下錯車」而重新「上車」的人，這些人過去錯誤地賣樓套現下車，但遲遲買不回賣掉的同等質量的樓，轉成今日買樓的生力軍，這批人不少，構成一個強大的需求。

5.4

大量建居屋
私樓是身分象徵

香港高樓價的現象，一直是歷任特首最關心的問題，但本港樓價無懼政策打壓一路攀升。現任特首林鄭月娥吸收了前三任特首的經驗，決定以增加土地供應的方法處理樓價高企問題。過往政府曾多次舉辦土地開發諮詢大會，可惜受到政治化的干擾，變成暴力抗爭的政治表演。

歷任特首樓市政策

首任特首董建華推出大量土地供應市場，不巧遇上亞洲金融風暴及全球資訊科技泡沫爆破，全球經濟不景氣，香港大受影響，導致樓價大跌。樓價大跌並沒有吸引港人買樓，相反沒有人想買樓，怕買了會跌成為「負資產」。不得已政府樓市政策由打壓樓價轉為托樓

價，宣佈取消居屋，不再推出土地拍賣，改為「勾地」政策。

第二任特首曾蔭權上任初期，依舊推行托樓價政策，樓價也開始回升。2007年一場全球金融海嘯，樓價再跌，托價政策對穩定市場和經濟有一定作用。2009年，美國開始推出「量化寬鬆」政策，狂印鈔票，利率降至零，於是樓價迅速回升。到了2010年，香港傳媒已開始報道樓價高企現象，到了2011年，中原城市指數突破1997年的高位，樓價飆升再度成為特區政府高度重視的問題，政府終於推出特別印花稅，當時認為，這是打壓炒樓的有效措施。

梁振英上任之後，再推出買家印花稅、雙倍印花稅、從價印花稅。不過，每一波新的稅制只能打壓樓價一段很短的時間，原因是這種種措施屬於「需求管理」，即壓抑需求。需求只是被壓抑，但沒有消失，壓了一段時間後，累積的需求再度爆發，威力更大，一次又一次推高樓價。

期間，樓價也不是只升不跌。2013年時任美國聯邦儲備局主席耶倫開口說，打算加息及退出「量化寬鬆」政策，香港一度樓價下跌了。2015年股市「大時代」結束，股市崩盤也導致樓價曾經下跌。兩次樓價下跌，並沒有解決市民置業的問題，相反不少業主覺得樓價已經太高，決定賣掉自住的物業套現，等樓價下跌再置業。

吸收了前三任特首的經驗，現任特首林鄭月娥決定以增加土地供應的方法處理樓價高企問題。實際上，梁振英在任時已經開始積極增加土

地供應，但土地供應不是一時三刻可以處理好的事。梁振英計劃中的古洞北、洪水橋等項目都一波三折，至今仍未正式開始，只有東涌填海工程已經正式開工。

梁振英當特首的時候，政府已多次舉辦土地開發諮詢大會，可惜受到政治化的干擾，變成暴力抗爭的政治表演。現在，隨著多宗暴力事件官司被法庭判以重刑，發揮阻嚇作用，相信今後暴力抗爭的事件會減少，有利諮詢工作順利展開。

「土地大辯論」要理性進行，大家以理服人，而不是大聲抗議，以聲壓人，更不能以暴力衝擊會場，以暴壓人，否則開發土地議而不決，受害的是廣大市民。

填海遠水未能救近火

2018年10月10日，林鄭月娥發表上任後第二份施政報告，隔天湯文亮率先說「施政報告倘落實，細價樓危矣」，我很認同這個觀點，我更認為林鄭月娥的施政報告一定會落實，因為林鄭月娥的確是湯文亮所形容的「決而不議」的特首。

林鄭月娥要改變政府土地供應比例，那是不必通過立法會，不必諮詢，只要通過政府部門即交發展局執行就行，這項改變實際上已經開始了，本財政年度部分原本打算招標的土地被收起來不賣了，私人

住宅土地減少了，林鄭月娥也已經下令將部分正在興建的公屋改為居屋。總之，將來居屋供應大增，居屋價格又那麼便宜，還有誰買私人住宅？將來買私人住宅的只剩下有錢人，住私人住宅成為身分象徵。

林鄭月娥提出 1700 公頃的填海計劃，但是人人都知道，填海造地再建房屋至少要 10 年時間，遠水如何救近火？於是工廈將可以合法地改成「劏房」，同時推出「土地共享先導計劃」，相信那些擁有大量農地的地產商有興趣參與，這項計劃就是盡快釋放地產商手上 1000 公頃農地，與林鄭月娥的 1700 公頃的填海計劃只差 40%，1700 公頃是未來土地供應，1000 公頃則是快可推出，香港土地供應一點也不短缺，關鍵是如何誘導地產商將農地通過補地價改成住宅用地。

恒地擁最多農地　最具價值

將來政府土地招標少了，土地價格會上漲，手上沒有土地儲備的地產商就慘了，只能在土地招標時高價搶地，開發成本很高，此舉相信會淘汰掉一些小型地產商，因此，從股市投資的角度來看，擁有最多農地的恒地（000012）最有投資價值，完全沒有香港土地儲備的內地地產商也將退出香港市場。

圖表5.41　恒地（000012）股價走勢

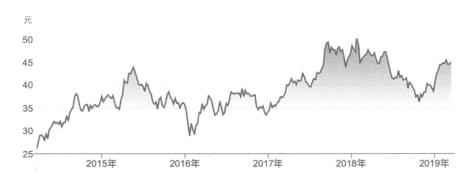

春泉房託遭敵意收購　反映價值

2018年10月，一家在香港上市的房託股春泉房託（001426）遭到一家新加坡企業敵意收購，企圖敵意收購的那家企業出價非常高，比公

布收購前的收市價有61.7%的溢價，這是一項重要的信息，這說明香港眾多的地產股及房託股都已經非常超值，吸引了過江龍的敵意收購。

大股東回購　顯股價低殘

2018年11月，恒生指數成分股中，本地地產股表現得不錯，這使到一部分人難以理解，理由是當時天天看到樓房「大劈價」的新聞，政府差餉物業估價署的樓按指數更是連跌三個月，由8月至10月跌幅超3%，中原城市領先指數在11月份也還在下跌，跌幅由2018年高處算起達6%。

樓價跌，何以地產股價會升？

道理是本地地產股股價當時已經跌至相當殘的水平，這個水平已經開始吸引大股東回購。

以11月30日收市價計算，本地四大地產股，恒地、新地（000016）、新世界（000017）、長實（001113）的最高市盈率值僅7倍，最低只有4.6倍，而股價與資產值的折讓則介乎於30%至50%之間，股息率最低也有3厘，最高那隻則達4.56厘，其中更不要忘記恒地年年十送一紅股，這就是本地地產股在樓價下跌的背景之下股價依然可以上升的理由。

樓價下跌，地價也下跌，對地產股而言，買地的風險下降了。

還有，當時樓價下跌的原因不是因為樓房供應大增，而是因為股市下跌所產生的心理壓力，一旦中美貿易戰出現轉機，股市回升，樓價也有條件回升。兩、三年內，土地供應依然不足，填海阻力重重，就算成功填海，在填海土地上建成樓房，恐怕也是十年後的事。

本地地產股股價已經跌至相當殘的水平，這個水平已經開始吸引大股東回購。

舉例在當時的一段日子，李嘉誠父子不斷的趁股市低迷而增持長實，如果長實股價不是超值，李嘉誠絕對不會買，當然，李嘉誠買不代表股價馬上會上漲，李嘉誠買股票不是想賺股價，不是像一般散戶那樣買來賣，而是只買不賣，提升自己的控股比例，以低於資產值的成本增持，這就是價值投資者應該學習的事，天天去猜明天股價是升是跌，天天買進賣出，永遠只能賺粒糖，而且每逢股災就可能被大戶震出局。

圖表5.42　長實（001113）股價走勢

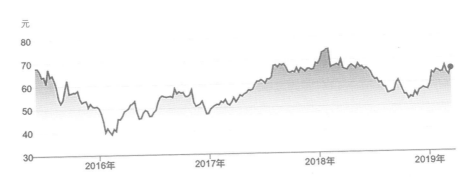

憧憬「減辣」與
新盤熱賣

2019年伊始，財政司司長陳茂波公開發表其「司長隨筆」，題目為「減辣？」，正式告訴大家，他正在「研究為有能力供款但首期不足的上車客尋求解決方案」，並指出這並非不可考慮，而且，這樣做還可以讓買家有更多在二手市場選購單位的機會。

一聽到「減辣」，本地地產股馬上炒起，實際上，從信和（000083）、華置（000127）連同市建局合作的觀塘的凱滙熱賣之後，說明樓價很難再大跌。

凱滙「開心價」只佔小部分單位

凱滙首賣的折實平均呎價17,388元開售首批205伙，的確是大劈價。

凱滙附近的啟德新盤，平均呎價約2.3萬元至2.5萬元，凱滙算是打了七折，非常廉宜，更有趣的是，發展商信置在凱滙開盤的同時，以呎價1.7萬元在大嶼山買地，大嶼山地價等於觀塘樓價？信置在玩甚麼遊戲？

論地點，凱滙位於港鐵觀塘站旁，對面就是著名的購物中心，而且大量觀塘的工廠也不斷地變成寫字樓，啟德的地鐵站還得等一段時間才通車；因此，凱滙售價遠低於啟德的確是大劈價。現在連屯門的新盤也開出呎價1.7萬元，難怪屯門盤反應不佳。

信置稱凱滙的售價為「開心價」，開心價只有205伙，任何一幢高樓，高層與低層的價格可以差得很遠，不同景觀的差價也不小，因此，只有進一步了解這205伙在這個新盤中的位置，才能真正明白開價的藝術，平均呎價1.7萬元也不代表這205伙的呎價全部都一樣。

圖表5.51　信和（000083）股價走勢

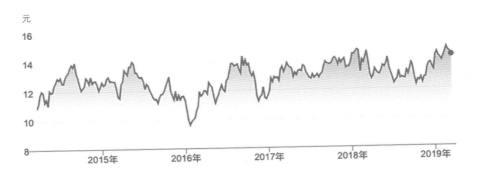

另一個更重要的理由是，這是一個巨大的開發項目，將來全面落成是數以千計的單位。單是這一期推出的兩座住宅已經超過1,000個單位，如果「開心價」成功吸引大量買家，地產商可以伺機馬上再推出更多單位，並低調地加價，如果一切順利，將來愈賣愈貴，呎價又回到市價了，不再大劈價。

加推可加價　配合樓市小陽春

2018年12月中，是樓價下跌期，樓價當時已經下跌3個月，多數地產發展商見到樓價下跌，都暫時停止推出新樓盤，因此，當時市場上主要的供應只是二手樓，凱滙在那個時候推出新盤是填補市場上沒有新盤供應的真空期。

而「開心價」是吸引買家留意的甜點，其後中聯辦付出2.4億元，買下凱滙20伙單位，呎價已經不是1.7萬元，是升至2.1萬元。凱滙於2018年年底開售時，首批單位平均價1.7萬元，短短2個月，加價23.5%，或者說首批售價只是市場造勢，製造搶購的效果，2.1萬元才是凱滙真正的呎價。這就是信和股價之所以會創新高的理由之一，凱滙低價開盤不是樓價下跌的象徵，而是營銷技術。

繼凱滙之後，市場暫時缺大型新盤開售，我估計大地產商還在等待，等待股市再上升多1個月，即共連升3個月。從過去許多年的歷史經驗來看，只要股市由低位連續上升3個月，樓價也會由低位反彈回升，

而且是明顯的回升，人們買樓的信心開始恢復，股市瘋狂炒作的氣氛一定會影響樓市。

當股市連升3個月，氣氛就會改變，那時候，大地產商就要把握這個機會開新盤。

差餉物業估價署編制的樓價指數顯示，2019年1月份二手樓樓價止跌微升；中原城市領先指數則顯示，2019年2月份樓價連續回升，已經連升4星期，升幅1.3%，成交更是大幅上升。

不過，1.3%升幅仍不能算是樓市小陽春到來，真正的樓市小陽春，要等到大地產商推出大型樓盤，開價高於市價，同時賣清光，這才算是真正的樓價轉勢，我相信這個日子將很快出現。真想賣樓的人不妨再等一等，等人們搶購高價一手樓時才放盤；到時二手樓就會成為賣家市場，由賣價主導樓價。

政府有意助買二手樓

因應凱滙熱賣，我已經多次建議買本地地產股，並指出，本地地產股股價在2018年10月底應該已經見了底。其後，陳茂波的「減辣」，更使到新世界發展（000017）、長實（001113）股價創出半年新高，李嘉誠基金會也趁勢買入長實股票超過1億元。

不過，從陳茂波的「隨筆」文章內容來看，特區政府想放寬的對象應該是指買二手樓的有能力供樓的人，一手樓的按揭，相信特區政府依舊會讓地產商自行提供二按。很明顯地，特區政府更關心的是二手樓市場，二手樓的買家得不到地產商的二按支持，首期付款成數非常高，造成許多有能力供款但拿不出首期金額的人上不了車。當然，買二手樓的人也可以選擇向財務公司借錢，但是利率很高。

陳茂波指出，他會留意一手樓與二手樓的不同，包括「同區一手樓與二手樓之間的樓價差距變化」、「一手樓及二手樓市的銷情」，因此，我更加相信，特區政府的重點應該是如何協助有能力供款者可以在不必付高息二按的條件之下買二手樓。自從SSD（額外印花稅）推出後，炒樓已經消失，二手買家賣家都是實實在在有必要買、有必要賣的人，因此，協助市民解決首期付款困難的問題，是燃眉之急。

本地新盤需求大

繼信和的凱滙之後，中海外（000688）的天鑽也暢銷，這進一步加強我對本地地產股的信心。投資之道，盈則進，虧則退，但是，許許多多小股民則恰恰相反，盈則套利，賺粒糖；虧則求翻本，不斷的「溝淡」。想翻本是賭徒心態，大量賭徒也因為想翻本而欠一身債。

圖表5.52 中海外（000688）股價走勢

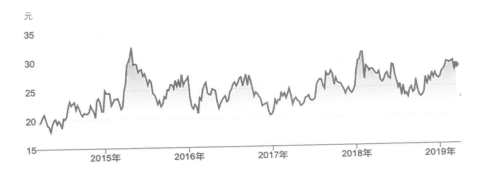

2018年10月之後，我多次推薦本地地產股，是認為本地地產股有翻身的條件，至2019年1月中，雖說本地地產股已經有不錯的反彈，但是距離2018年年初高位，仍有一個距離，也因此，有條件更上一層樓。

當時，本地地產股股價的反彈幅度還比不上騰訊（000700），四大地產股中，長實與新地（000016）期內皆反彈27%，新世界反彈22%，恒地（000012）反彈17%，而騰訊反彈32%。本地地產股相對可靠，信和與中海外已經證明，只要稍為降低開價，賣樓絕對沒有問題，買樓的需求依然那麼大。

地產股折讓大

所謂價值投資，就是尋求超值股。

全港的地產股，每股資產值都比股價高許多，因此，買地產股等於以折讓價買物業，何樂不為？但如果你直接買物業，也可以隨時直接將物業賣掉，如果升值的話，就直接賺取利潤，但買地產股時，你不能控制地產公司幾時賣物業，賺了錢是否分派給股東，這就是地產股股價與每股資產值出現折讓的原因之一。

地產公司又可分為物業收租與物業開發兩種，也有不少地產商同時擁有物業收租及物業開發業務。如果是物業收租，一般商用物業的租金收入最多只是資產值的5%，若以5%回報來計算P/E值，則P/E高達20倍，相信很少投資者願意付20倍P/E值買地產股，如果投資者只願意付10倍P/E值買地產股，那麼股價就只有

每股資產值的50%，這也是地產股股價出現折讓的另一個原因。

地產股收息　回報率或勝收租

目前，多隻香港地產股的股息率介乎2厘至4厘，比自己買住宅物業收租的回報好一些，也許這也是不少股民買地產股收息的標準，也就是說，股民願意付出的股價會參考該股的股息率，股息率必須略高於住宅物業的收租回報率，住宅的收租回報率一般比商業物業低，但風險也較低，投入的資金亦較少。

當然，個別地產股股價的表現也不一樣，2017年多隻內地地產股股價飛天，上升好幾倍，理由就是這些地產公司大量賣樓，賣樓就相等於把資產值兌換成現金，真正釋放出其資產值，而且賣樓的收入也高於該資產原本的帳面值，從中產生了利潤，利潤大也就有能力派發股息，推動股價上升。

中型地產商賣樓　釋放資產值

比較之下，內地地產商賣樓的速度遠比香港地產商快，這是為甚麼2017年內地房地產股股價飛升的原因，但高速賣樓能否維持，就會影響內房股能不能繼續飛升。

到2018年，倒是一些本地地產股開始發力，其中，太古地產（001972）就創出新高，理由也是賣資產，太古地產要賣掉數個原本用來收租的物業，這就是釋放真正資產值的行動，一釋放出真正的資產值，股價的折讓就會下降。

此外，一些中型地產商開盤賣樓也會推動股價向上，理由是中型地產商每一次賣樓的收入與其總市值相比，比例非常高，也相等於將資產值釋放，其中，嘉華國際（000173）推售白石角新盤嘉熙，就是一個好例子。

二線地產股嘉華國際P/E值比四大地產股低得多，只有3倍，股息率接近5厘，2018年中賣樓成績非常好，再加上嘉華手上持有的銀娛（000027）市值已達81億元，嘉華本身的市值竟然不足120億元，可以說，嘉華是二線地產股中最超值的股份。

圖表5.61　嘉華國際（000173）股價走勢

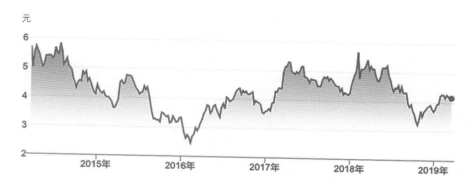

Chapter 06

市況反覆
處變不驚

藍籌也有
重傷時

投資市場常有變化,美國一個噴涕、中國一聲咳嗽,
都可以令股市由高位瞬即向下挫,就算是被市場認為
較具質素及較具抗跌能力的藍籌股也不例外,跌幅也
可以很驚人,那麼是不是有甚麼風吹草動,我們就隨
風擺柳呢?還是你懂得在多變的市況中,對自己作出
的投資有足夠認識和把握,以笑對逆風呢?

5大歷經急挫藍籌

2019年1月開局,恒指微跌0.26%,但是恒指成份股
中跌幅較大的股有5隻,這包括吉利汽車(000175)、
中國生物製藥(001177)、舜宇光學(002382)、石
藥(001093)、瑞聲(002018),這5隻股跌幅超過
5%,而且都創出52周新低。

但是，如果與3年前的價格比較，以上股份（瑞聲除外）仍有巨額的升幅，這說明當時的急跌只是過往急升所造成的，股市永遠是升得急，跌得重。

留意企業長遠競爭力

吉利汽車本來是很受看好的中國品牌汽車股，可惜，中美貿易戰中國一定會被迫開放汽車市場給外國品牌，吉利汽車受到的保護降低了，今後如果無法自我提升水平，競爭力會下降。

圖表6.11　吉利汽車（000175）股價走勢

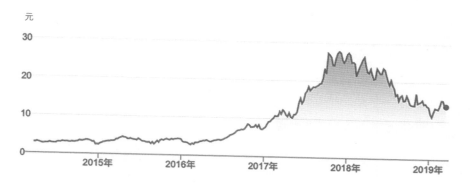

中國生物製藥及石藥皆是不久前中國政府醫院藥物採購政策改變的受害股，而且跌勢驚人，短短半年，股價跌幅超過一半，不過，現價依

然比 3 年前起步時高許多，較早時買入的投資者，仍有不錯的利潤，仍然會繼續套利求售，因此不宜博反彈，要等到中國官方醫院新藥物採購制度運行一段時間，市場穩定了才作打算。

考量業績與市佔率

舜宇光學與瑞聲科技則是受到美國蘋果公司發盈警所拖累，蘋果盈警連股神巴菲特也被連累。近一段日子，蘋果因侵權問題，在中國、德國被禁止出售舊模型手機，新模型市場又不受落，市場佔比下降，舜宇與瑞聲作為蘋果供應商，自然受打擊。很快的，我們將迎接 5G 時代，美國 5G 系統落後於中國，5G 的手機市場將會是另一番面貌，當然，我也相信所有的手機供應商不會只為一家品牌服務。

圖表 6.12　瑞聲（002018）股價走勢

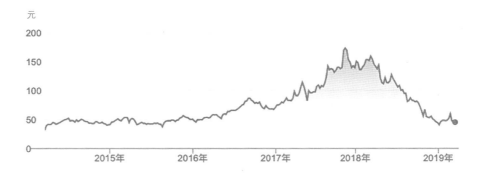

大鱷惡鬥時
散戶勿沾手

投資市場上,散戶可以學習分辨大鱷手影,以免在大鱷覓食時,成為犧牲品。我們不必要在他們身上得好處,但至少在群鱷亂舞時,我們懂得稍息而後動。

兩日間莫名奇妙大起大跌

舉個例子,2018年9月初的連續兩個交易日,前一日,恒指還莫名其妙地上升260點,後一日則莫名其妙地下跌729點。

然而,該兩天的基本因素完全沒有任何的變化,針對後一日恒指大幅下跌,有人也許會以美國當時即將公布年值2,000億美元中國產品徵稅詳情;或者以阿根廷、土耳其等新興國家貨幣貶值為理由。但是,中美

貿易戰、土耳其及阿根廷貨幣貶值不是剛剛發生於那一天，而是早該消化了的「新聞」，而前一天恒指上升260點時，上述問題也同樣存在。

大鱷好淡皆殺

可見，當時的股市，基本上是一群大鱷在惡鬥，惡鬥的對象是恒指期貨。所以，恒指可以在一天急跌729點，也可以在另一日急升599點。因此，千萬不好乘淡沽空，想賺快錢的結果隨時會遇上挾淡倉。大鱷是好淡皆殺，殺完淡倉殺好倉，殺完好倉再殺淡倉。2018年的7月及8月，恒指基本上是一浪一浪的往下跌，但是，一浪一浪的跌表示下跌

之後會反彈，而且也是迅速反彈。以當時的兩個月的走勢圖來看，下跌一個星期左右就出現反彈，反彈一個星期再下跌。

於恒指莫名其妙下跌729點的那一天，50隻恒指成份股全部下跌。此之前的幾個月，恒指成份股中，有大約10隻能逆市上升，當天全線下跌，可見大鱷志在力壓恒指，凡是恒指成份股皆在拋售、沽空的名單上，包括了當期股價創出歷史新高的中電（000002），也包括當時數個月來都表現很好的中移動（000941）。

遇上這種殺恒指好倉的跌勢，如果避險股的股價也急跌，導致股息率上升至你能滿意的水平，則是趁低價買入收息的機會。不過，我是建議你趁低價買入收息，不是趁低價買入博反彈。

為翻本而「溝淡」
絕對是錯

6.3

曾幾何時，閱文（000772）上市，全城為之瘋狂，股價狂升1倍，但是，瘋狂就只是上市第一天，之後就輾轉下跌，不久跌破了上市價。能在閱文上市抽中的人極少，但是，在股價輾轉下跌的過程中，卻也吸引不少小股民「趁低」吸納，可惜，低處不算低。閱文的炒作方式竟然與三、四線股相似，只是，炒三、四線股的是小莊家，炒閱文的是國際大鱷。

被瘋炒最終也可一敗塗地

我曾經建議，買新經濟股一定要分散投資，分得很散，買後收起來，10年後才看看有沒有一兩隻像騰訊（000700）那樣跑出。我們不可能在上市開始的階段

就預知新經濟股的前途，當年騰訊上市後，股價也曾跌破上市價，許多年後，竟然變成股王。

圖表6.31　閱文（000772）股價走勢

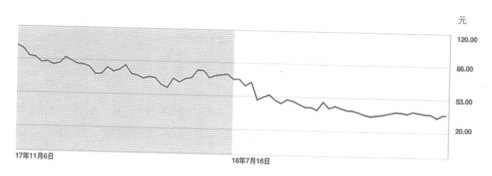

圖表6.32　騰訊（000700）股價走勢

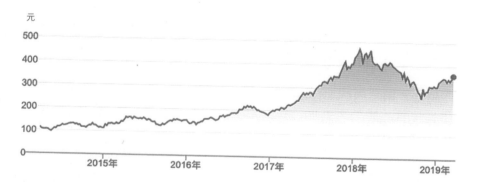

阿里巴巴在多年前，也曾經將部份業務在香港上市，上市初期像起初的閱文被熱炒，但是，後來卻跌破上市價，最後，馬雲以上市價將之私有化，今日在美國上市的阿里巴巴又再變得有聲有色。因此，我一再強調，投資新經濟股一定得採用大包圍的方法，多買幾隻，每隻投入小額金錢而不是一注獨贏。

「溝淡」是病態賭徒行為

蝕得最慘的人是買入之後股價下跌，一心想翻本而一再「溝淡」，股市「溝淡」與在賭場輸了錢之後不斷加碼再賭是同樣的問題，是病態賭徒的行為，閱文輾轉下跌中，不斷「溝淡」的股民很多。

恒指在2018年8月中，下跌幅度約20%，不算很嚴重，更何況還有多隻避險股股價表現得很不錯，我當時已經非常多次勸大家增持避險股，但是，依然有許多人很不幸的因為想「翻本」而陷入「溝淡」的陷阱中。每當整個股市充滿大熊市的悲觀情緒，理由就是不少股民手上持有的，全是曾經熱炒，之後狂跌的股，跌幅遠超過恒指的跌幅。

為「翻本」而「溝淡」，絕對不知要等到何年何月何日，而且如果買的都不是優質的股份，更加可能回家鄉無期，投資者將注碼一加再加，只是在將損失不斷擴大。

油價反覆
持油股憑信心

石油股是一種股價可以連升數年及連跌數年的板塊，理由是石油價格也是一升就升好幾年，一跌也跌好幾年。

2018年初　油股破頂

2018年1月尾，石油股終於破頂，三桶油齊齊創52周高位，此前的過去一段時間，我多次提醒大家，國際石油價格已經創3年新高，石油價格比此前的兩年前高了不止1倍，但是，當時三桶油除了中海油（000883）外，中石油（000857）與中石化（000386）的股價依然大落後。

我當時已經表明，相信石油價格還能再上升，沙地阿拉伯的國家石油企業要上市，那是超大的企業，上市

價要定得高，就該先炒起石油價格，除了沙地阿拉伯想炒高石油價格之外，特朗普也在努力推高石油價格，特朗普反環保，不支持用成本較重的清潔能源，他也鼓勵美國石油商多生產石油，好好地賺錢，並通過出口石油賺外匯。

圖表6.41　中海油（000883）股價走勢

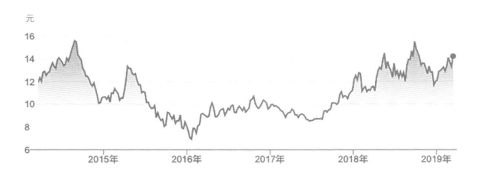

圖表6.42　中石油（000857）股價走勢

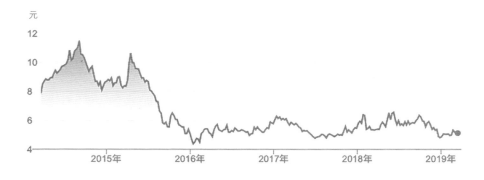

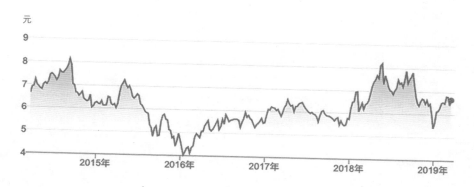

減產才真正影響油價

到2018年4月中，特朗普向叙利亞射導彈時，石油價格上漲，當時我指出，真正影響油價的因素是石油輸出國的減產行動，叙利亞的導彈只是一次過的行動，影響很小。當時，油價依然在上漲，沙地阿拉伯已經明確地表明要看到油價升至一桶80美元，我也認為沙地應該有能力做得到。

還有，特朗普在美國面對的「通俄」壓力正在加大，估計他會再進一步制裁俄羅斯以表態自保，俄羅斯的主要經濟支柱就是出口石油，特朗普會不會禁止美國企業向俄羅斯買石油？如果真的發生這樣的事，石油價格就真的會飛天，暫時而言，中海油、中石油、中石化可以是亂

局中的避險股，不論特朗普會不會向俄羅斯打石油戰，單是靠沙地阿拉伯的減產行動，相信已經能保住油價不跌，穩步向上。

其後，特朗普簽署總統政令，美國退出伊朗核協議，從此，中東多了一個不穩定因素，石油價格上漲，美國會禁止伊朗出口石油。當然，為了討美國的歡心，沙地阿拉伯馬上說會考慮增產，不過，我不相信這是真話，沙地阿拉伯已經公開說石油的目標價是每桶80美元，與現價還有一個距離，除非石油價格狂升至每桶100美元以上，否則沙地阿拉伯不會增產。

特朗普樂見油價升

因此，在每桶石油仍未升上80美元之前，中石油，中石化與中海油仍然是藍籌股中的選擇。

話雖如此，如果大家有留意事態發展都知道，特朗普在2018年下旬多番口口聲聲說要禁止伊朗石油出口，但是，臨門一腳卻不踢，讓多個國家獲得豁免於此禁制令。

為甚麼不弄死伊朗？目的就是要掌控石油的定價權，讓全球石油價格掌握在自己手上，要升就升、要跌就跌。近日，特朗普很清楚地告訴傳媒，他不會制裁沙地王儲。現在，國際石油價格大跌，沙地卻不敢減產，特朗普已經完全控制了沙地的石油生產。

除了國際油價局勢，我們也不該忘記三桶油的業績，2018年上半年的利潤皆不錯，相對於去年同期更是以倍數計的增長，其中中石化好過預期，盈利增長數倍。油股業績造好，對股價是好好的支持。

我手上仍然持有中石油、中石化及中海油，儘管國際油價因素從來沒有明朗的一天，我依然對石油長遠價格有信心，因為將來美國肯定會成為石油出口大國，石油價格上升符合美國的利益，特朗普做事，一切以美國利益為依歸。

Chapter 07

堅定信念
升跌何妨

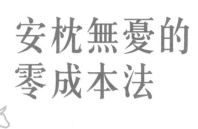

安枕無憂的
零成本法

投資市場變幻莫測，時起時跌，這也是投資者能在股市尋找到機會的方法之一。我們要投資，必須擁有堅定的心態，來笑對順逆境，以持盈保泰。

我永遠相信雨過一定天晴，柳暗花明又一村。投資股票，我們保持心情輕鬆是重要的。樂觀者不保證成功，但是悲觀者一定失敗。只要你能戰勝心魔，克服貪婪與恐懼，牛市熊市又有何干？所以一些我的投資心法，還是希望與各位讀者一而再重溫，這些都是我多年的心得，歷久常新。

升 4 倍減持 25%

多年前，我接受了無線電視明珠台一位外籍編導

Douglas George的訪問。他訪問我的目的是想了解一下，為甚麼我經歷了這麼多次股災、熊市而能安心地睡覺，還持有一些股票長達20年。

他告訴我一個很有趣的研究結果。有科學家告訴他，當股市大跌時，人的大腦裡會分泌出一些化學物，這些分泌是會令人坐立不安，吃不下飯、睡不著覺、心跳加快、血壓上升。

換言之，恐慌是心理作用，屬於人體構造的一部分，是無法避免的。因此，他很有興趣知道我是如何克服股價狂跌時所帶來的壓力。現在，讓我告訴你答案。

首先，我相信上帝，上帝告訴你一生能賺多少錢。人的財富多寡，是上帝早已經安排好的，我們不要強求，我特別欣賞一首廣東流行曲的歌詞：「命裏有時終須有，命裡無時莫強求」。如果你沒有宗教信仰，也許你可以唱這首歌，幫你減減壓。

思想上的準備有了，真實買賣時，我會經常運用自己發明的「零成本」法來對抗股災。長期以來，我看好一隻股份之後，一定是一次過在非常低的價錢大手買入，股價升上去之後就很少再追貨；相反的，我喜歡在股價升上數倍之後，一般是4倍時，我會賣掉其中的25%，取回全部投入的資金，餘下的75%就是免費的了。

把股票放入保險箱

在訪問中，我告訴Douglas George我還有更古怪的一招：我會把打算長期持有的股票註冊我的名字，然後帶到新加坡。這些股票我會放在新加坡的銀行保險箱，這麼一來，想賣也不可能賣。這位外國記者聽了，如發現新大陸那樣高興的笑了。

我說為甚麼不可以呢？既然我們知道投資決定會受心理影響，就更應該用盡方法，防止自己作不理性的蠢決定，例如高買低賣。

根據我這套買股方法，留在手上的股，成本是「零」，「零成本」保證不虧損，既然不虧損，股價下跌又何妨？所以，我可以持有這些股票很多年，不論股價升或跌，都不會有感覺。

正如許多讀者都知道，我持有滙控（000005）的歷史很久了，是它的超級長期投資者。因此，每逢滙控派成績表，都有不少傳媒來問我的看法。

一百多年來，滙豐銀行一直是香港第一大銀行，這是一家以香港為基地而起家的銀行。多年來，滙控每次公布業績時都成傳媒的焦點，它的一舉一動更牽動港人的神經。

眾人唱淡我獨撐

例如，上世紀90年代初與英國米特蘭銀行的合併，掀起巨大的討論浪潮，為甚麼合併？究竟因為它是看好1997年的香港前景，抗拒英國人入股？還是看淡1997年後香港的前景，想撤出香港，回到英國？到了2009年，滙控再成了全城熱烈討論的焦點，股東不斷掙扎該供股或不供股？

當時我告訴記者朋友，我持有滙控超過二十年，已經不止是與此股談戀愛，簡直是結了婚，更是老夫老妻了。既然是老夫老妻，實在不應該嫌棄批評。更何況，過往我從滙控收到的股息，已遠遠超過我投入

的資金的許多倍。實際上，過去許多年，我都是以股代息，反正我也不缺現金，就讓滙控每年寄數張新股票給我，每次收到新股票都很開心。

此一時不同彼一時，今天的滙控既被散戶怨恨，也經常被大行唱淡。我卻相信一個道理，當所有的人都唱淡時，就是最佳的買入機會。很多年前，滙控收購米特蘭銀行，所有分析員也是眾口一辭唱淡，結果滙控股價大跌，我就在那個時候全力出擊，做高「孖展」買入，最後變成我的第一桶金。

現時看來，滙控不算貴，在派息上也一直善待股東。目前歐美部分的業務不佳，但這只是周期性的問題，歐美經濟遲早復蘇。

就此，在香港回歸前，滙控一直是我最欣賞的股票，在香港回歸後，滙控不免在香港會面對中銀香港的有利的競爭。畢竟香港回歸了，英國人撤退了，滙控作為一家最大的外資銀行，許許多多當年的特權都消失了，比方說，很早期時，滙控幾乎就是香港的中央銀行，但現在不是了。

所以回歸後很多很多年，基本上我只是保持手上所持的滙控，或者零星的小額買賣，沒有大手買入，直至2016年初，我再一次被滙控吸引，那是因為滙控股價在2016年初跌了40多元，比起我早期幾塊錢買進來比，當然是貴了很多，但時間過了那麼多年，經歷了20多年，所以當時的40多元對我來說，變了相當有吸引力的股價，因為當時滙

控的股息率達到9厘息，因為滙控每年派息4港元，股價40多元，所以股息率就是9厘，所以當時我很多年沒買滙控，又開始買入，之後過了一段時間，滙控宣布回購，所以我又增持。不過到了2018年，滙控不再回購，我就把2016年年底，就是滙控宣布回購時買進的股票，也就賣掉。當然那只是小買賣，我手上仍持有很多年前買的滙控，也持有2016年年初滙控9厘息時所買的滙控。

圖表7.11　滙控（000005）股價走勢

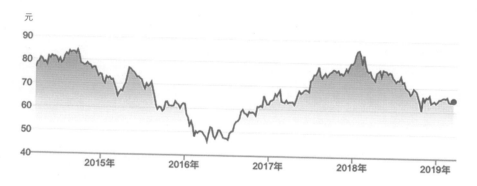

錯愛又如何

也許你會問，打算長期持有好股可以不聞不問，但看錯的股份又如何處置？坦白說，我又何只看錯一隻股，買錯的也有一些。我會如何處理帳面上出現虧損的股票？基本上與處理帳面上獲利甚多的股票一

樣，就丟到一邊不理，等大牛市結束後才一起賣掉。到時候，是賺是虧都賣，獲利很多的應該賣，因為升得高跌得重；虧損的也賣，因為在大牛市末期，本應不該有甚麼股票會出現虧損，這是雞犬升天之期，一些原本買錯的股都會翻生，如果連大牛市末期也翻不了生，那麼就更肯定是自己買錯了。

當然，我投資多年，累積了一些資金，有條件只買不賣，加上那些已持有多年的大藍籌，手上股票也真不少，股價升升跌跌已麻木了，就當成數字遊戲吧！

我認為股票投資，保持自己心情輕鬆是重要的。股市常有風有雨，天上下的是傾盆大雨。不過，我永遠相信雨過一定天晴，柳暗花明又一村，千金散盡還復來，千萬不要灰心。樂觀者不保證成功，但是悲觀者一定失敗。

持有現金
也要有入市的勇氣

每當市場風高浪急之時，市場總會出現叫大家「現金為王」（Cash is King）的人。例如2008年10月的時候，又例如2018年仍在說環球會大跌市的時候。高呼「現金是王」的聲音，在一些敏感時候特別會再度響起，在大街小巷也可隨處聽到。

許多人對Cash is King的真正意義一知半解，以為死抱著現金不放就能成為大贏家。我可以肯定地跟大家說，這種說法是錯誤的。

我認為，真正懂得運用Cash is King概念的投資者，是當股市跌至面目全非、股價超值低賤時，自己手上有相當多的現金可以買股，這才是Cash is King概念的最佳應用者。

能夠完全領略這個真諦的投資者，絕對不會在股價低

賤時將手上的超值股、優質股以極低賤的價格拋售，然後持有大量現金不敢做任何事。

絕非股價低殘沽貨

反之，那些緊張過龍的膽小鬼，往往因為在股價低賤時沽售了所有的股票，就算沽售後股價再跌，他們也絕對沒有膽量再入市買。他們只會高唱 Cash is King，並慶幸自己能在股價較高的水平賣掉。這類人永遠無法賺大錢，只會被市場氣氛牽著走，在股海中載浮載沉。

在高息的年代，銀行的存款利率優厚，持有現金可以收利息，回報也不算差，然而，像目前這種利率水平，死守現金只會讓自己的現金被通貨膨脹吃掉。在這種情況之下，持有現金哪裡是王者？

大部分人口口聲聲說現金是王，卻總按兵不動，守株待兔，往往得等到股市再次出現狂熱時，他們才會解除恐懼感。當他們心中恐懼感轉變為貪婪時，又覺得錢存在銀行無利可圖，不如趁股市狂熱入市賺快錢。

股市裡最多的就是這種人，一次又一次的低賣高買，一次教訓、兩次教訓都學不到，理由就是他們只會在恐懼時想起 Cash is King。

當然，我也認識一些成功的執行者，這些高手會在股市跌至他們認為

是超值的時候就入市，而且是大舉而入。為甚麼他們在股價低賤時有大量的現金呢？理由就是股市在狂熱時，他們不狂熱，絕不高追，並開始不斷地累積資金。

高手們即使袋中有錢，卻心如止水，不會為股市的亢奮而亢奮；他們持有大量的現金耐心地等，等到滿街的股評人都在唱Cash is King時，他們的確手上有豐厚本錢，最終成為王者。

股神的最佳示範

不過，所謂知易行難，在2007年11月全民皆股之時，長實主席李嘉誠公開忠告股民要小心，更不要借錢買股票；又例如我在2007年12月推出的著作，提醒讀者牛末將至，做好防風措施，但聽進耳朵的散戶又有幾個？

高手當中，我首推股神巴菲特。2011年年中，他有能力一擲50億美元買美國銀行股票，就是完美的示範。這說明他在之前的確已做好準備，等待他認為股價超值時出擊，2008年9月開始，他也是如此做。

即使今天，不少人譏笑巴菲特買比亞迪（001211）做了蠢事。可是，這些人完全忽略了巴菲特是在甚麼時候入股。當時的入股價便宜得很，與今日的股價比較，巴菲特仍然是贏家。

巴菲特從來沒有成功撈底，也就是說他入市後股價往往再下跌，但這不重要，他看的是長遠的前景，只要購買時股價是超值的價格，耐心地持有，一定會柳暗花明又一村。

2011年9月，巴菲特的投資旗艦巴郡（Berkshire Hathaway）指現時巴郡股價過於低殘，宣佈以不高於帳面值10%的價格，無限期回購巴郡A股及B股。這是巴郡有史以來首次回購，股神一向主張要為股東尋找價值投資，當時決定用公司現金回購股份，是否對後市有甚麼啟示？

低息借錢買穩定業務

能夠在適當的時機好好利用現金的人，才真正懂得Cash is King的道理，2009至2011年歐美經濟走下坡，不少大企業紛紛轉移陣地到亞洲新興國家。但是，我留意到李嘉誠卻反向而行。

那一兩年，李嘉誠不斷增加在英國的投資，擴大版圖。2010年旗下的電能實業（000006）、長江基建（001038）購買英國電網。其後，長江基建再聯同長實斥資數百億元，收購提供食用和污水處理服務的英國水務公司（Northumbrian Water），不但動用手上的現金來買，更是借錢來買。

我認為，李嘉誠的算盤絕對打得響，一方面市場給予長和系的評級不錯，因此長和系借錢的利率非常低；另一方面，投資電網、水廠這些利潤受管制的公用實業，受政府的保障，而且在發達國家投資，回報會較新興市場穩定，前景也很平穩。

這種以低息借錢，投入較高回報而且穩定的業務，就是息差交易。這與我以往推薦的借美元存人民幣是同一個道理，利用槓桿原理擴大現金的作用，可算是 Cash is King 的佳作。

高科技時代下的
價值投資法

7.3

1999年至2000年,網絡股熱爆全世界,當時,股神巴菲特完全沒有買入任何網絡股,還被人譏笑為「走寶」;後來,網絡股熱潮泡沫爆破,於是許多人稱讚巴菲特有先見之明。

巴菲特始終鍾情蘋果

但是,2016年開始,巴菲特就不斷買入蘋果公司的股票,他認為今日的人已經生活在不能沒有手機的年代,手機已經改變了人類的生活習慣。從2016年至今,蘋果公司的股價也上升過1倍多。不過,與另一隻網股亞馬遜相比,蘋果股價的升幅則遠遠比不上。從2016年至今,亞馬遜股價上升4倍多,換言之,過去兩年多投資亞馬遜股票的回報是蘋果的4倍。不

過，股神還是堅持選擇蘋果公司是正確的。這就是價值投資者的堅持。

市值相若　亞馬遜PE高太多

亞馬遜股升，是因為亞馬遜是一家高增長的企業，P/E值很高。在股市裡，高增長就會得到高P/E估值，股價就會飛升。目前亞馬遜 P/E 值高達83倍，而蘋果公司僅15倍，兩者相差5倍。蘋果公司的總市值是8千幾億美元，亞馬遜市值也相若，但是蘋果於2017年的總利潤約500億美元，而亞馬遜則不過60多億，不過亞馬遜的盈利的確快高長

大，2018年第二季利潤為25億美元，比去年同期增長1.2倍，而蘋果公司2018年第三季的利潤為138億美元，比去年同期增長25%。

價值投資者不會追捧非常高估值、高P/E的股。這類股的股價是靠高增長炒高的，一旦增長放緩，股價的跌幅是驚人的，因為增長一放緩，估值就下降，P/E值一降，股價就面目全非。

高估值、高P/E需要高增長支持。這世界上，真有甚麼企業能永遠保持每年利潤加一倍的增長？

崩盤股買入法：
分散投資

2018年8月下旬，好幾個板塊股價集體崩盤，當中包括內地醫藥股，內地教育股，內地科網股，這幾個板塊股價集體崩盤表面上都有一些原因，即所謂的導火線。

導火線令股價崩盤

比方說，內地醫藥股股價受壓，是因為有一家長生生物（002680.SZ）造假疫苗，結果，沒有造假的內地醫藥股全部遭到股民洗倉；中國司法部發布一則諮詢文件，有意管制，反對民辦學校通過合併收購擴大成為連鎖品牌，結果，教育股股價狂跌，諮詢文件公布那一天，睿見教育（006068）股價一口氣跌40%。科網股則因為股王騰訊（000700）股價由高位下跌30%以

上，而使到眾多股民損失慘重，也使到其他科網股受累，騰訊是恒指成分股中的重磅股，騰訊股價狂跌也會使到恒指受累大幅下跌，製造熊市的感覺。

不過，我認為上述板塊股價崩盤的根本原因是估值太高了，P/E值數十倍，高P/E值的股一定是高增長股，投資者也會跟進這些企業是否能再維持高增長，一旦高增長不再，股價肯定受壓，一隻股如果市場認為不應該有80倍P/E，而應該是20倍P/E，股價就會下跌75%，大家比較一下多年前中移動（000941）的P/E值，與今日中移動的P/E值，就會明白當年股王中移動為甚麼今日風采不再。

高PE值要分散投資

是的，人人都希望買中一隻股王騰訊這一類的股，但是也該明白，高增長股的股價快高長大，是因為P/E很高，這是市場認可的，但是，大家也應該明白高回報高風險的道理，千萬不好一注獨贏式的大手買入任何高P/E值的股。高P/E值的股一定要分散投資，將資金分散買多幾隻，而且千萬不好一見到有錢賺就急著套利，結果每注只是賺粒糖，之後得以更高價追貨，一直到股價出現30%，40%式崩盤時，過去多次沽出所賺的錢依然少過這一次的賬面虧損。今日許多在高價追買高P/E值股的人，都曾經在過去低價時買過同一隻股，但賺一點點就賣掉了。

低PE值藍籌也要持有

投資之道，所謂選股，不是到處打聽「貼士」股，然後一注獨贏式的下注，這是賭博不是投資，投資一定要分散，高P/E值的股可以買，但是低P/E值的藍籌股也一定要持有，尋找一個平衡，適當的分配自己的資金才是真正的選股之道。

是的，高P/E值的股高風險，但是，並非高風險的股就一定只能短炒，短炒的結果是每一次買賣都只賺很少的錢，累積多次很少的錢，也不能變成很多的錢，每一次短炒後，更大的可能是以更高的價格再買回來，一直到有一天股價出現崩盤式的下跌，一下子，跌幅就大過過去多次買賣累積的盈利，所以高P/E值的股儘管高風險，也應該以長期投資的方法來持有。

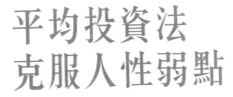

平均投資法
克服人性弱點

滙控（000005）舉行了策略大會，定下2020年前股
息不變，偶爾回購的戰略。我最喜歡聽到「股息不變」
這句話，如果以64元或以下來購買滙控，那麼滙控股
息超過6厘，在藍籌股中算是高息股，而且保證6厘
息至2020年，回不回購已經不是很重要，就把滙控
當成收息股好了。

以股代息　累積財富

滙控一方面回購，另一方面又提供「以股代息」的選
擇。過去十多年，我長期選擇「以股代息」，這相等於
「平均投資法」，即每三個月不問價以當時的市價買滙
控，有時貴一點，有時便宜一點，期望長遠的將來股
價會上升，股息會上升。買保險就是這種「平均投資

法」的實踐，以數十年的時間，耐性來累積財富。

「平均投資法」最大的好處是避開人性的弱點，人性的天然弱點是股市狂熱時就投資大量的錢買股票，股市低迷時不但不敢買，還賣掉手上的股票，永遠是高追低沽。「平均投資法」逼自己在固定的時間買股票，不論股價高或是股價低都買。

恒地（000012）與煤氣（000003）每年10送1紅股也相等於以股代息，而且是更高息的以股代息，100股送10股，這10股過了一年又加多1股，2年是100股變121股。

不論價格　定時購入

股市升升跌跌，能力高、運氣好的人低買高賣，能力低、運氣差的人高買低賣，於是平均成本法就成了另一種選擇，當投資者沒有信心捕捉低位入市時，可以選擇每個月選固定的一天，可以是每月的1號、可以是每月的8號、每月的20號……就在那一天一個固定的時間，可以是固定在上午11時入市買股票，連續數年之後才考慮賣掉，或可持續20年、30年、40年……為將來退休儲蓄投資。

不少銀行都會提供這樣的月供股票計劃，月供股票實際上就是平均成本法，每個月固定的日期、固定的時間買股票，所買的股票有些廉宜

有些貴，廉宜與貴平均起來，就是不貴也不廉宜，也就是說不會是低買高賣，也不會是高買低賣，而是期望長期的回報。月供股票每月投資固定金額，有時買多一些股票，有時買少一些股票，股價上升時買少一些，股價下跌時買多一些，選擇銀行月供股票其中一個好處，是可以買賣碎股。

月供股票最好是長期投資，供到你退休時為止，每年也應該檢討一次每月供款，可以隨着收入增加而增加投資額，以配合自己的儲蓄計劃。

只買不賣　股息才是真正利潤

月供股票應該選甚麼股票？我認為最理想是選收息股、藍籌收息股，為甚麼？因為收息是長期投資者最終的目標，股價有升有跌，長期投資者不會在升升跌跌的過程中又買又賣，而是只買不賣，因此，如果股價上升也不賣，那麼，股價上升並不會帶來實際的、可以放入口袋的利潤，只有股息才是真正的利潤，股息可以提出來享用，又或以股代息，可以委託銀行將股息加入下一次月供時買股票。

收息股也應該選擇長線股價會上升的股份，也就是那些股息穩定、收入長期有增長的企業。也許港鐵（000066）、領展（000823）、中電（000002）是3種收息股的最佳代表。

港鐵領展中電　是最佳代表

港鐵是半壟斷生意，巴士、小巴、電車、的士雖是競爭者，但是港鐵依然有很強的競爭優勢。加上港鐵除了鐵路運輸收票價之外，另一個更重要的收入是開發車站上蓋物業，就算樓價下跌，也一樣利潤豐厚，絕對不會虧本，因為港鐵不必出錢，而是自動擁有車站上蓋的土地開發權，再找地產開發商合作，只賺不賠。

圖表 7.51　港鐵（000066）股價走勢

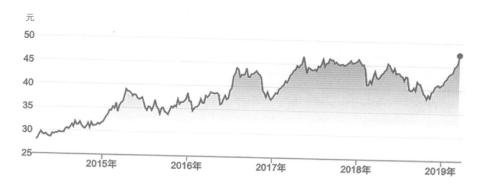

領展則是盈利年年上升的房託股，因為無論香港經濟好壞，領展年年也可以加租，之所以可以加租，是因為過去目前所收的租金都低於市值租金，仍有加租的空間。而中電也是從事壟斷業務，利潤更受到港府的合約保護，當然年年賺錢。

Wealth 101

亂局

作者	曾淵滄
出版經理	Sherry Lui
責任編輯	Carlos Yan
書籍設計	Stephen Chan
相片提供	Getty images

出版	天窗出版社有限公司 Enrich Publishing Ltd.
發行	天窗出版社有限公司 Enrich Publishing Ltd.
	香港九龍觀塘鴻圖道78號17樓A室
電話	(852) 2793 5678
傳真	(852) 2793 5030
網址	www.enrichculture.com
電郵	info@enrichculture.com
出版日期	2019年4月初版

承印	嘉昱有限公司
	九龍新蒲崗大有街26-28號天虹大廈7字樓
紙品供應	興泰行洋紙有限公司

定價	港幣 $138　新台幣 $580
國際書號	978-988-8599-08-0
圖書分類	(1)工商管理　(2)投資理財

作者及出版社已盡力確保所刊載的資料正確無誤，惟資料只供參考用途。
對於任何援引資料作出投資而引致的損失，作者及出版社概不負責。

支持環保　此書紙張經無氯漂白及以北歐再生林木纖維製造，並採用環保油墨。